보고 싶은 엄마

이연자

　엄마, 안녕하세요. 자주 찾아가지 못해서 죄송해요
　엄마 비가 많이 와요. 지금 장마철이에요
　지금은 시골에서 뭐하고 계실까
　시골은 별일 없지요
　연자도 별일 없이 잘 지내고 있어요
　엄마 나 공부 시작했어요
　학교에 보내달라고 울고불고 했는데
　학교도 제대로 못 가고 동생들 보고 살림하고
　우리 아버지 말씀, 여자는 공부 안 해도 된다
　집에서 살림만 잘 하면 되지 공부는 무슨 공부 하셨
는데
　저는 정말 그런 줄 알았지요
　지금 생각하면 정말 바보 같았지요
　지금은 살림도 잘 하고 일도 잘 하는데

공부는 아무리 하려고 해도 안 돼요
오늘도 엄마 생각 힘들어도 엄마 생각
우리 엄마 보고 싶다
지금 하늘나라에서 보고 계신 거겠지요
우리 딸 고생한다 힘내라 하고
도와주시겠지요 보고싶은 울엄마

멀리 계신 어머니께

강송기

어머니! 어머니와 이별한 지도 벌써 한 계절을 넘어 가을에 접어들었군요. 찬바람이 불면 온몸이 더 무겁고 쑤신다며 고통스러워 하셨는데 이렇게 아침저녁으로 쌀쌀해지니 걱정이 됩니다.

이곳에서 편히 한 번 못사시고 평생을 고생만 하시며 자신은 저만치 내려놓은 채 자식들만을 위해 늘 기도하며 살아오신 어머니! 그곳에서는 이곳에서의 어려움을 말끔히 씻으시고 편안하고 행복하게 지내시는지요?

아픔을 견디다 못해 익산에서 서울로 올라오시던 날 어머니의 목소리는 아주 가느다랗게 들렸습니다. 어머니가 열일곱 살에 시집와서 지금까지 줄곧 지켜 오신 고향집인데 다시는 가보지도 못한 채 끝내 숨을 거두고 마셨네요. 어머니의 땀방울과 한숨으로 얼룩진 고향집에는 어머니의 모습은 온데간데없고 앞마당에는 잡초만

무성하게 자라고 있더군요.

　다른 사람이 당했을 때는 누구나 한 번은 가는 길이라며 긍정적으로 받아들였는데 내 어머니의 죽음은 참으로 받아들이기가 힘들었습니다. 평소에는 병원에 가시는 걸 어린아이처럼 무섭게 생각하셨던 어머니! 90이 넘은 연세에도 주사 맞을 때면 곁에 한 사람의 가족이라도 있어야 맘 놓고 주사를 맞으셨잖아요. 그렇게 건강하셨던 어머니기에 우리 7남매는 항상 고마움을 느끼며 편히 살 수 있었습니다.

　시골에서 맑은 공기 마시며 텃밭 가꾸시느라 적당히 운동을 하시기에 건강을 유지하시는 것 같아서 안심했던 우리 7남매였습니다. 그러나 혼자서 생활하실 때 얼마나 많이 외로우셨을까요. 자식들이 찾아올 날을 얼마나 학수고대하며 사셨을까요. 지금 생각하니 자주 찾아뵙지 못한 게 한없이 죄송스럽기만 합니다.

　작년에 김장하러 내려오라고 전화하셨을 때 학교를 결석할 수 없다며 졸업하면 해마다 가서 해 드리겠다며 거절했던 이 딸은 지금 가슴이 미어집니다. 초등학교 다닐 때 집안 형편상 거의 절반은 결석을 해야만 했던 저이기에 이번 학교에서는 그런 아픔을 반복하지 않으려

커피포트에 차를 담고 따뜻한 물을 붓는다. 진하디 진한 차향처럼 다시 아버지를 우려내고 싶다. 봄이면 다시 피는 소박한 들꽃처럼 다시 아버지를 피우고 싶다.

아버지

유금선

　모든 사람들은 가치 있는 삶에서 현재보다는 미래를 성취하기 위하여 노력하며 저마다 중년기의 성인들은 부모역할 가정생활, 자녀양육 등에 아버지의 등에서는 늘 땀 냄새가 났다.
　아버지 눈에는 눈물이 보이지 않으나
　아버지가 마시는 술에는 항상 보이지 않는 눈물이 절반이다.
　아버지는 가장 외로운 사람이다
　아버지는 비록 영웅은 아니지만 우리의 소중한 아버지~☆☆

그립고 많이 보고 싶어 가만히 불러본다
엄~마 하고~~
괜시리 눈물이 주르륵 흐른다.

아버지의 리어카

오대형

　이파리가 꽃보다 아름다운 계절이었다. 어릴 적 고향 저수지 뚝가엔 버드나무가 지천이었다. 여름 이맘때쯤엔 키 큰 나뭇가지 끝에 싱그러운 바람이 아주 터 잡고 살았다. 전쟁이 끝이 난 지 그리 오래 되지 않았지만 참 평화로운 곳이기도 하였다.

　나의 출생은 대구의 어느 변두리 그리 높지 않은 쌍봉의 낙타 등처럼(우리는 그곳을 연애산이라 불렀다.) 나지막한 산이 있었고 옹기종기 자리한 가난한 동네의 마당 위로 맨발의 하늘이 수도 없이 뛰어내렸다. 사시사철 다른 빛깔의 꿈을 꾸며 때로는 붉게 때로는 푸르게 산야를 누비며 까까머리 소년은 바람처럼 살았다.

　그 난해하고 가난한 동네의 한복판에 고물장수 아버지가 살고 계셨다. 내 어릴 적 아버지의 기호는 물음표였다. 어린 나의 눈에는 아버지는 언제나 슈퍼맨이셨다.

하얀 쌀죽을 잡수실 때에도 밥상머리 맡에서 빤히 쳐다보는 나와 동생에게 언제나 반쯤 남겨주셨다.

　나는 이 맛나는 음식을 왜 안 잡수시는지 항상 의문이었다. 허나, 칠남매나 되는 어린 입들을 바라보며 "삶"에 지쳐 있었고 뜻대로 움직여주지 않는 세월에 독화살을 쏘아대는 아버지를 참 이해하기 어려웠다. 아버지의 무너진 세월의 절반의 몫은 술이었다. 덩달아 내 꿈도 삭아 내렸다.

　아버지를 따라 고물장수 리어카를 뒤에서 밀며 따라다닐 적에도 끝날 즈음 아버지는 여지없이 만취였고 밤새 부르는 -홍도야 우지마라-는 귀신 우는 소리처럼 싫었다. 어머니와 걸판지게 싸움굿을 벌이다 조각조각난 방문을 군용담요로 겨울 칼바람을 막아주며 울부짖는 엄마의 목소리를 들으며 긴 숨을 죽여야 했다. 나는 아버지가 없는 앞집의 동네 친구 덕이가 참 부러웠다. 알수 없는 자존심으로 가득 찬 열 다섯쯤으로 기억된다.

　고물장수 리어카를 팽개친 채 밤새운 숙취에서 헤매는 아버지 머리맡에 장문의 편지를 남기고 나는 양말 공장에 일하러 갔다. 가파른 언덕길을 걸으며 부글부글 오기가 잔뜩 들어있었다. 얼마 되지 않은 세월을 그리며 좀 살아보자고, 마지막 문장에 마침표를 찍으며 통곡을 하고 말았다. 어린 마음도 많이 무너져 내렸다. 하루 종일 양말 공장에서 물레에 실 감으며 수없이 생각했다. 질곡의 땅에서 벗어나자고…

내키지 않는 집으로의 밤길에 퍽이나 달이 밝았다.

"이제 오냐."

아버지였다. 골목 끝 배꼽마당 평상에 아버지가 앉아 계셨다. 분명 나를 기다렸을 것이겠지. 아버지 옆, 평상에 걸터앉아 숨을 죽였다. 한동안 바람도 숨을 죽였다. 침묵이 오래 갔다. 아버지의 야트막한 숨소리에 연한 막걸리 냄새가 났다. 뜻밖에도 아버지의 입에서 연한 소리가 났다.

푸른 하늘 은하수~ 하얀 쪽배엔~

달빛아래 얼핏 본 아버지의 얼굴이 왜 눈물빛이었는지……

내 가슴에는 시큰한 강물이 줄줄 흐른다.

이제 아버지의 그때보다도 더 많은 나이인데도 아버지는 자주 내 안에 머무른다. 아버지의 리어카도 사각사각 소리 내며 아버지와 함께 찾아오기도 한다. 흘러간 세월이 옛일과 함께 둥둥 떠다닌다.

아버지의 자가용

이용인

　아버지가 자가용을(?) 구입하셨다.(전동휠체어)
　엄마가 돌아가시고 얼마 지나지 않아 허리를 다치셔서 두 번이나 시술을 받으시고 10년이 훌쩍 넘은 세월을 혼자서 아프신 몸으로 외롭고 힘들게 사셨다.
　이제는 양손에 지팡이 없이는 거동하시기조차 힘드셔서 전동휠체어를 구입하셨던 것이다.
　어느새 이렇게 세월이 빨리 지나갔는지, 아버지의 젊고 건장하셨던 모습이 엊그제 같은데, 지금은 하얀 머리에 어깨도 축 늘어진 백발의 노인이 되셨다. 운전을 연습하시는 뒷모습을 보고 있으려니 가슴이 먹먹하고 아팠다.
　아버지 얼굴을 살펴보니 그다지 좋지만은 않으신 것 같아서, 웃으시게 하려고 "아버지. 자가용 멋지네!" 하였더니 아버지께서는 쓴 웃음을 지으셨다.
　아버지 힘내세요! 사랑해요!

소중한 나의 동반자

오윤자

감사하다 모두가 감사하다
일요일 오뚜기학교 가는 날
오늘도 여전히 학교 갈 준비에 부산하다
식탁에 밥 차려 놓으면
남편이 식사를 하는지 마는지는 관심도 없다
학교 가는 것에만 열중이다
헌데 설거지하는 소리가 들려 쫓아나갔다
남편이 식사를 하고 설거지를 하고 있다
아이고 오래 살고 볼 일이네 하고 생각해 보니
내가 아파 누웠어도 밥 한번 차려먹지 않던 남편이다
설거지 하물며 청소까지 한다고?
여보 오늘 대청소야 일러주니
자기가 몰라서 그렇지 종종 청소한다고 말하네
가슴이 찡했다

추석

염금선

　이사하는 것도 기쁘지만 배우던 학교를 두고 오는 것도 아쉬워요. 그래도 새로운 학교로 오니, 선생님들과 학생들, 보름달같이 환하더라고요.
　'보름달' 하니 추석이 떠오릅니다.
　추석에 많이 먹지 말라고요? 먹을 것이 많으니 많이 먹어야지요.
　맏며느리라서 추석이 싫다고요? 맏며느리는 하늘에서 내려준대요. 부모님 모시지만 아랫사람들 거느리고 살잖아요.
　추석 다음엔 시누와 조카들 할머니 보러 와요. 그러면 남편이랑 시어머님은 자식이 오니 좋지만 저는 친정에 못 가서 심술부리던 생각이 납니다. 이제 생각해 보면 별 것도 아닌데 왜 그러는지 모르겠어요. 철이 안 들어 그랬겠지요?

사랑하는 딸에게

이영숙

아주 힘들게 살고 있는데 엄마한테 기쁜 일이 생겼어
한 생명이 찾아왔단다.
그건 바로 오빠였지.
엄마는 오빠를 아주 힘들게 낳았어.
기뻐할 시간도 없었어.
하룻밤을 병원에서 자고 아침이 되었지.
그런데 오빠는 경기를 한 거야.
병원에서는 큰 병원으로 옮기라고 했지.
그래서 오빠를 소아아동병원으로
아빠가 입원을 시키고 왔어.
엄마는 혼자 집으로 오게 되었지.
아빠는 다음 날 병원으로 갔어.
오빠는 인큐베이터에 있었지.
오빠는 검사를 받았단다.

아들에게 쓴 편지

박순이

사랑하는 아들에게

아들! 어느새 우리 아들이 대학생이 되었네…!

엄마는 아들을 참 힘들게 만났지.

엄마가 아빠를 만나고 두 달 만에 결혼을 했지.

하지만 엄마가 몸이 많이 아팠어.

그래서 임신만 하면 엄마 배 속에서 아이들이 3개월도 못 있다가 아빠 엄마하고 이별을 했다.

그런데 아들은 엄마 배 속에서 끝까지 잘 자랐어.

병원에서는 엄마가 위험하다고 했지만 아들만은 꼭 낳고 싶었지.

병원의 응급실에서 집보다 더 많이 있었지.

10개월이 지난 10월 4일에 천사를 만났단다.

우리 아들,

아빠 엄마는 나이가 많아서 인욱이를 만나 참 행복했지.

하지만 인욱이 동생이 없어서 미안해.

엄마가 아들 낳으면서 너무 힘들어서 둘째는 못 낳았어.

인욱아 고마워! 그리고 미안해!

어려서 늘 책만 보면 좋아했던 아들.

엄마한테 책 읽어달라고 많이 했는데,

엄마는 글을 몰랐기에 아빠가 대신 읽어 주었지.

이제는 엄마도 읽을 수 있어.

아들 결혼하면 손자는 엄마가 책 많이 읽어 주려고 공부 열심히 하고 있단다.

고 결심했던 게 이토록 돌이킬 수 없는 불효를 저지르고 말았네요.

　이제야 가슴 치며 울부짖어도 어머니는 아무런 말씀이 없으시네요. 지금도 어머니한테 전화가 걸려올 것만 같은데 어머니의 목소리는 영영 들리지 않는군요. 혈압약을 사가지고 어머니한테 갈 때가 되었는데도 갈 일이 없군요. 언제나 제가 집에 갈 때면 일찌감치 대문 밖에 나와 앉아서 기다리시던 어머니! 또 집에 가면 늘 내가 잠에서 깨기 전에 일어나 손수 아침밥을 지어주시던 어머니! 90이 넘으신 어머니가 해 주시는 밥을 철없는 이 딸은 아무 생각 없이 그저 맛있게만 먹었습니다. 그 밥맛은 이 세상에서 최고 맛있는 밥이었으니까요. 하지만 이제는 그 맛있는 밥을 다시는 먹을 수 없게 되고 말았습니다.

　어머니! 우리 7남매를 키우실 때 몹시도 가난했던 생활을 잊을 수가 없습니다. 기저귀가 없어 헌 옷으로 기저귀를 해주시고 추운 겨울에는 땔감이 없어 차디찬 방바닥에서 체온으로 우리를 재우느라 꼬-옥 끌어안고 주무셨다고 하셨지요. 아침에 일어나면 아가의 오줌으로 어머니의 옷이 젖어있고 그대로 밥을 하다보면 옷이 얼어서 바스락거리는 소리가 났다고 하셨지요. 현 시대에서는 이해하기조차 어려운 힘든 세상을 어머니는 참으로 잘 견디며 살아오셨습니다.

그런 어머니의 헌신적인 사랑이 있었기에 우리 7남매는 이처럼 반듯하게 성장할 수 있었던 것 같습니다. 남들처럼 많이 배우지는 못했지만, 또 호사스럽게 자라지는 못했지만 부모님의 사랑은 듬뿍 받으며 살아왔다고 확신합니다.

어머니! 어머니가 저희들에게 늘 당부하셨던 말씀이 떠오르네요. 어떤 경우에도 형제간의 우애를 지키며 어디서나 정직하게 살며 언제나 책임감을 성실히 수행하라고 하셨지요. 비록 어머니가 떠나고 안 계시지만 그 말씀 꼭 지키며 살도록 노력하겠습니다.

어머니! 이렇게 잘 키워 주셔서 감사합니다. 그리고 존경합니다. 어머니! 너무 너무 보고 싶습니다.

2015년 10월 둘째 딸 올림

사랑하는 엄마 생각이 나서 쓴 편지

박순이

싱그러운 봄바람을 타고 휘날리는 꽃잎처럼 기분까지 좋아진다. 친정 엄마를 모시고 꽃놀이를 갔다. 아름다운 꽃놀이를 했다. 오는 길에 엄마는 참 행복하다고 했다. 엄마는 약 이십 일간 우리집에 같이 있었다. 엄마가 친정집에 가시고 나니 서운했다. 엄마하고 정이 깊이 들었다. 집안이 텅 빈 것 같고 엄마가 누워 계신 방을 봐도 엄마 생각이 난다. 같이 있을 때는 정말 몰랐다. 나는 엄마하고 항상 같이 있지 못했다. 어려서는 새아버지가 나를 참으로 미워했던 기억이 난다.

아니, 정말로 미워했지. 밥도 같이 안 먹었다.

항상 나 혼자 부엌에서 불 때는 곳 앞에 앉아 밥을 먹곤 했다. 왜 아버지는 나만 미워했는지 알게 되었다. 나는 동생들과는 친형제가 아닌 것을 알고 힘들게 살아 왔다. 내 나이 다섯 살부터는 희미하게 생각난다. 그래서 다섯 살 때는 외가로 가서 살았다. 하지만 농사철이면 엄마는 외가에 오셔서 나를 집으로 데리고 갔다. 이유는 아기들 보라고. 시골에는 농사철에 다섯 살밖에 안 된 나에게도 할 일이 많았다. 그리고 겨울이 되면 집에서 살 수가 없었다. 나 때문에 아버지가 항상 엄마를 때리곤 했다. 그럴 때면 외삼촌이 나를 데리고 가셨다. 또 여름에는 아기 보라고 나를 엄마가 집으로 데려오곤 했다. 13세까지 그렇게 하다가 나는 공장에서 일을 했다. 하지만 아버지는 공장에서 일하는 나를 돈 벌어 오는 사람으로만 여겼다. 늘 나는 엄마만 그리워하며 살아왔다. 하지만 지금은 아버지가 돌아가셨다. 돌아가시기 몇 개월 전쯤이었다. 아니라고 언젠가는 너를 친아버지가 데리고 갈 거라고 생각하셨다고 했다. 그 말씀을 하시고 아버지는 우리 가족들과 이별을 하셨다. 아버지 그 곳에서 저 보고 계시지요. 순이가 글을 배웠어요, 아버지.

어머니를 그리워합니다.

딸 정애

회개

손정애

　시장터 한 귀퉁이 장사하는 엄마 돕는 예닐곱 살 소녀 보며
　발길 멈추고 바라보네
　넋을 놓고 바라보네
　가뭄처럼.
　힘겹던 세월
　혼자 감당하시기엔 힘겨웠던 어머니
　그믐달 바라보며
　한숨짓던 그 아픔을 왜 몰랐었던가
　따뜻한 봄바람은 되지 못하고
　늘 쌩쌩 찬바람으로 엄마 속 앓게 했을까
　내 자식 장성해도 마음은 깨진 그릇 같으니…
　제 철 없던 무례함을 가슴 저리게 사무치며

부르고 싶은 엄마

박순이

엄마 엄마 많이 엄마를 부르고 싶다.
우리 엄마 지금은 시골에서 혼자 계신 엄마
아버지는 먼저 천국으로 이사를 가셨다.
자식은 많지만 다들 배움이 짧아서
힘든 일만 한다. 힘으로 하는 일, 기술로 하는 일.
우리 모두는 엄마 한 분도 책임을 못 진다.
우리 엄마는 자식을 위해서는 무엇이든 했을 텐데…….
우리는 내 자식을 위해서는 다 하지만 엄마를 위해서는
서로 눈치를 본다. 언니니까 누나니까
아들이니까 오빠니까 서로 먼저 엄마를
챙겨주면 얼마나 좋을까.
우리도 나이를 먹는다. 부모님께 효도해야
우리도 아들, 딸한테 효도를 받는다

엄마, 고맙고 미안하고 사랑해

배유진

　으~ 춥다 추워~ 요즘 날씨가 많이 춥지 엄마?
　벌써 겨울이라는 게 실감이 안 나 엄마도 그렇지?
　추우니까 밖에 나갈 때 꼭 따뜻하게 입고 다녀 엄마 알았지? 히히
　있잖아. 엄마... 나 엄마한테 고맙고 미안한 게 너무 많아.
　사실 처음에 엄마랑 셋이서 다시 시작했을 땐 엄마도 나도 정현이도 아무런 준비가 돼 있지 않아서 겁도 나고 무서웠어.
　그런데 엄마가 우리 불안해하지 않게 하려고 노력하는 모습보고 힘 낼 수 있었어.
　두렵고 무서워도 참고 견딜 수 있었어.
　우리보다도 엄마가 더 힘들었을 텐데도 그런 내색 안 하고 꿋꿋이 버텨내 줘서 고마워 엄마.

나랑 정현이 손 놓지 않고 지금까지 와 줘서 고마워.

엄마 아니었음 우린 여기까지 올 수도 없었어.

아직도 생활이 힘들긴 하지만 그래도 차근차근 하나씩 해 나가고 있는 우리가족 보면 나 요즘 무척 행복해 살 맛이 난다고나 할까?

엄마 우리 앞으로 더 열심히 살자!

세상이 험하긴 하지만 우리 셋이 똘똘 뭉치면 분명 잘 해낼 수 있을 거야!

그치?

엄마도 파이팅! 정현이도 파이팅! 나도 파이팅! 하자.

엄마 사랑해

2012.11.15

엄마의 껌둥이 딸 유진올림

엄마

양영식

푸르른 5월에는 다시 한번 되돌아보게 된다
많이 그립고 보고파지는 달인 것 같다.
특히 5월 8일
부모님을 다시 한번 떠올리게 하는 달인 것 같다
자식들에게 한없이 베풀었던 사랑~사랑
보고 싶어도 볼 수 없고 떠올리려 해도 자꾸
가물가물해지면서도
더욱더 보고파진다
어느덧 세월이 흘러 나 자신도 황혼에 접어들었건만
유난히 5월 달에는 가슴이 아릿하면서 많이 생각나는
엄마의 얼굴 모습들
눈을 감고 느껴본다
엄마의 얼굴, 모습, 엄마의 냄새
엄마의 포근함

내가 모르긴 왜 몰라 다 알지!
학교 갔다오면 집안이 깨끗하고 빨래도 개어져 있다
그런데 나는 칭찬을 한번도 해준 적이 없었다
항상 응원해 주고 힘을 주는
남편은 나의 소중한 동반자

사랑하는 나의 남편에게

김영순

우리 남편은 퇴직하고서 시골에 내려가 농사를 짓는다
농사 짓는 것이 얼마나 힘든지 모른다고 하면서 웃는다
내가 왜 시골에 왔는지 모르겠다고 하면서
고생하는지
내가 보기에도 힘들게 보인다 나도 시골에서
고추 고구마 비트 들깨 심어보니
정말 힘들다 우리 남편 보면서 얼굴도 까맣고
혼자서 밥도 해서 먹고 내가 봐도 정말 힘들겠구나 싶다
직장 다니니 시골에 자주 못가지만
금요일 날 일 끝나면 시골에 기차 타고 가본다
시골 가면 남편이 맛난 것도 해주고
기분이 좋다

나는 가짜 효부

임영자 Hakuna Matata

  성격이 급하신 시아버지는 연로하신 홀시아버지이시다. 기관지 천식으로 밤이 되면 심한 기침 때문에 밤잠을 설치곤 하셨다. 오랜 기간 동안 앓고 계셨던 만성병 천식을 민간요법(오미자술)로 완치하셨다. 연로하신 시아버지가 늘 걱정이 되었다. 혹여 편찮으셔서 몸져누우시면 어쩌나~ 나이 들어 보약은 그 효력이 늦게 나타나기 때문에 한약보다는 효과가 빠른 링거를 맞혀드렸다. 링거에 알부민을 더하여 계절이 바뀔 때마다 간호사를 집으로 모셔와 맞혀드렸다.

  혈관이 약하셔서 주사액이 천천히 들어가기 때문에 시간이 다소 걸렸다. 잠시 자리를 비우기라도 하면 아버님은 주사 바늘을 뽑으셔서 당황했던 일이 있었기에 지키고 있어야만 했다.

  이렇듯 살펴드려야 하는 것은 자식 된 도리요, 의무이

지만 몸져누우시기라도 한다면 그 몫은 오롯이 나의 몫이기 때문에 두려워서이기도 한 것이다. 헌데 이런 나의 모습을 보아온 동네 사람들은 효부라고 했다.

그 말이 너무 싫었다. 효부가 아닌 내가 들어야 할 말은 아니기 때문이었다. 시아버지를 봉양하는 것은 나의 몫이었고 하나밖에 없는 며느리이기에 해야만 했다. 시아버지는 보신탕을 무척 좋아하셨다.

냉동실은 늘 개념으로 채워져 있고, 곰솥에는 곰탕이 아닌 보신탕이 있었고, 하루는 탕으로 이튿날은 수육과 탕으로 드리곤 했다. 세월 앞에 장사 없다고 했던가. 하루는 아버님께서 내게 이렇게 말씀하셨다.

"얘야, 미안했다. 내가 시집살이를 많이 시켜서 미안했다."

하시는 거였다. 꼬장꼬장하셨던 성품이 어느 날부턴가 변하신 거다. 사람은 세상과의 인연을 마무리하는 시기의 3년 전부터 변한다고 어른들은 말씀하셨다. 나의 시아버지께서는 당신의 운명을 점치신 것 같다. 그로부터 5개월 정도 지났을까, 저녁을 잣죽으로 끓여드렸는데 그만 드시겠다고 하시고 누워 계시는데 주무시는 줄만 알았다. 주무시는 게 아니었다. 떠나실 준비를 하고 계셨다. 그렇게 시아버지는 세상과 멀어지셨다. 시아버지는 내게 마지막 말씀을 남기셨다.

"내가 너를 꼭 도와주마."

그리고 가셨다. 이사를 했다. 그 집에서는 무서워서 살 수가 없었다. 시아버지가 돌아가신 지 1년이 채 안 되었다. 꿈을 꾸었다. 꿈에 열쇠 한 뭉치를 들고 있는 나에게 시아버지께서 "얘야, 그 열쇠 나를 다오." 하시기에, "아버님, 이거 다 드리면 잃어버리니까 목걸이를 해드릴게요." 하고 까만 줄에 열쇠 하나를 걸어서 목에 목걸이를 걸어드렸다. 그리고 잠에서 깨었다.

공사대금을 수금해야 하는데 상대 회사에서 연락이 안 온다고 하면서 남편은 회사를 찾아갔다. 그 회사는 부도가 나서 문이 굳게 닫혔다. 한두 푼도 아니고 남편은 수소문하여 그 회사로 찾아가서 공사대금을 모두 받아낸 것이다. 이 일은 내가 꿈꾸고 난 1주일 안에 해결된 것이다.

꿈을 해몽해보니, 시아버지께서 열쇠를 달라고 한 것이 이 일을 해결해주시려고 '선몽을 하신 거였구나'라는 생각에 "아버님, 감사합니다."라고 했다. 과학적으로 증명이 안 되는 불가사의한 일을 믿고 싶다. 나의 시아버

지는 며느리가 잘 해줬노라고 생각하시겠지~

  명절에 성묘 가면 아버님께 아버님, 잘못했습니다, 용서해달라고 한다. 이렇게라도 해야 용서받는 기분일 것 같아서이다. 시아버지를 모시며 가짜 효부로 살았지만 최선을 다 했다. 그렇게 생각한다 나는.

검사를 받았는데,
오빠가 장애를 가지고 태어난 거였어.
주변 사람들은 포기하라고들 했지.
그때는 의료보험도 없었고
돈도 많이 들었단다.
그래도 아빠는 병원으로, 직장으로
힘든 생활을 하면서도 포기하지 않았고
오빠는 이십여 일 만에 퇴원을 해서 집으로 왔어.
잘 자라 주었지.
엄마는 오빠만 키우면서 살기로 했어.
엄마는 오빠를 유치원, 학교에 보내면서
참 많이 울기도 했고, 마음도 항상 아팠어.
그런데 11년 만에 딸인 네가 엄마한테 온 거야.
엄마는 너를 수술을 해서 낳았어.
엄마는 눈을 뜨고 정신을 차리고 물었지.
아이는 건강하고 손가락 발가락 다 정상이라고
간호사님이 건강하니 걱정하지 않아도 된다고 했어.
엊그제 낳은 것 같은데 벌써 사춘기를 겪고 있네.
딸 힘들지?
엄마가 해줄 게 없네.

사실은 아들, 딸에게 항상 미안해.

이 글을 쓰는 건

우리 딸이 힘들어도 오빠를 잘 보살펴 주길 바라는 마음에서야.

아들, 이 다음에는 장애 없는 세상에서

멋지고 늠름한 엄마랑 다시 꼭 만나자

엄마는 만약 천년이라는 세월을 준다면

너희들을 위해 쓸 거야.

아들, 딸 사랑해!

딸아, 이 다음에 엄마가 없어도...

눈물이 다 마른 줄 알았는데

또 울고 있네.

아들 입대 날

이순자

8월 27일날 오늘은 하늘도
내 마음을 아는지 비가 주룩주룩 내린다
차 안에서 적막 흐르고 창밖에는 비가 너무 많이 내리고
내 눈에 눈물이 흘러 얼굴을 덮는다
시간이 왜 이렇게 빨리 가는지 벌써 문산이다
아들이 미용실에서 이발을 하고 나오는데
또 마음이 울컥했다
울 아들 얼굴 보니 그동안의 많은 일이 머리에 스쳤다
점심 먹고 도착한 신병교육대 더욱더 실감이 났다
많은 부모들 모여 있었다 이젠 아들하고 이별 인사를 하고
집으로 돌아오는데 더욱더 슬펐다
울 아들 대해서 글을 쓰니 눈물이 울컥한다
사랑하는 아들 훈련 잘 받고 수료식 때 보자 화이팅

이쁜 손녀

양영식

에구구 내 허리야!
허리를 두드리다가도
고개를 갸우뚱거리며
방실 방실 웃으며
다가오는 나의 손녀 미서
좋다고 품에 안기며
얼굴을 부비부비
너무 행복하고 좋아서
나도 모르게
히죽히죽
예쁜 나의 손녀 딸
잘 먹고 건강하게
자라려무나.

소꿉친구

노애숙

　이 친구는 자기 잘못으로 아들을 건강하게 낳지 못했다고 생각한다. 술 마시고 담배 피우고 해서 그랬다고 생각한다. 그렇게 생각하기 때문에 직장일 집안일 다 열심히 할 수밖에 없다. 나보고는 우리 다음 생애 만나자고 한다. 다른 친구가 이번에 모임에 와서 하는 말, 애숙이가 제일 억울할 거라 한다. 그때 사고를 쳤어야 하는데 그걸 안 해서 그렇다 한다. 희태가 마누라 우리나라에서 제일 좋은 차 사주고 아파트 큰 평수로 이사했단다.

　억울한 건 하나도 없다. 정말 가슴이 아프다. 우리가 한 번도 해외여행을 가본 적이 없다. 내년 2월에 베트남 다낭으로 여행 계획이 있는데 내가 희태야, 너 갈 수 있니, 물어보았다. 아니 난 못 가.

　정말 가슴이 아프다. 아들이 특수학교를 다녔는데 초등학교 졸업할 때 다행히 걸어서 나왔다고 좋아하는 모습 보니 짠하다. 결혼을 늦게 해서 지금은 22살인지 23살인지 그렇다. 희태는 정말 착하단다. 아들이 야구방망이 휘둘러 갈비뼈가 나가도 뭐라 하지 않는다. 이제 컸다고 야구하자고 하고 막 휘둘러 사고가 나도 아들은 그 상황을 잘 이해 못 하는 것 같다.

어느 날 장철환이 저녁 날 불러 꽃게찜을 사주었다 잘 먹고 집에 왔다. 그때는 몰랐는데 지금 이야기한다. 사업은 쫄딱 망했는데 날 사 먹이고 싶었다고. 우리의 추억은 정말 많다. 우린 모이면 옛날 이야기를 참 많이 한다. 옛날에 그랬지 하며.

떡방앗간집 박승훈이네서 이불 하나에 발 집어넣고 낄낄거리고 놀기도 했고, 김준학 외아들이라고 생일상도 떡 벌어지게 차려주셔서 잘 먹고 놀기도 했다. 그 시절에 생일 미역국은 정말 감사한 일이었다.

지금 건강하게 만나고 있는 우리 친구들 방영환 박승훈 최명곤 이종성 박기철 장철환 양선충 김준학 김대규 우종일 전용운, 미얀마에서 사업하느라 고생하고 있고 딸이 서울대 갔다고 자랑하는 홍배근(자랑할 만하지), 지지배들 서정복 이미예 유화연 김수연 이홍연 우리 옛날에 산소 가서 놀던 일 기억하지? 우리 그 마음으로 오래오래 건강하고 다함께 베트남 여행하자. 친구들 모두 사랑한다.

다시 태어난다면

남경애

지금과 똑같은 상황이라면 다시 태어나고 싶지 않다
그래도 또 물어보면 나는 물로 태어나고 싶다
물속에는 잔잔함도 있지만,
세차게 흘러가면서 돌과 부딪히기도 한다
폭포수가 되어
떨어지는 아찔함도 맛보겠지만
그래도 내 생각엔 물이 가장 사는 데 있어 순탄한 생을 사는 것 같기에

삶

박재환

저는 5남매 중 장녀로 태어났습니다.

아버지는 결혼해서 독립할 때 받은 재산을 형부에게 사기를 당해 다 없애고 누님이 사는 논산에 와서 정착을 하였습니다.

매형의 소개로 한국산업사라는 국가정미공장에 취업이 되어 근무하던 중 회사에 화재가 발생하여 화재를 진압하다가 화상을 입게 되어, 대전대학병원에서 6개월 투병을 하다 38살이라는 젊은 나이에 돌아가셨습니다.

35살에 아이들 5남매를 안고 청상과부가 되어버린 친정엄마가 생활고에 시달리는 모습이 안쓰러워 저는 중학교를 2학년 1학기만 다니고 자진 중퇴하여 인천으로 올라와 주안5공단에 있는 전자회사에 들어가서 직장생활을 하였습니다.

이웃에 살던 분의, 시골에 사는 조카라는 사람을 맞선

으로 만나서, 86년도에 결혼을 하여 충남 서산 시골 마을로 내려갔습니다. 남편은 저보다 14살이 많은, 9남매의 장남으로 할머니 어머니를 모시고, 농사짓고 소 키우며 사는 시골 노총각이었습니다. 너무나 재미있는 것은 시할머니 시어머니 남편이 모두 토끼띠로 띠동갑이었습니다.

결혼해서 바로 장남을 낳고, 세살 터울로 차남을 낳았습니다. 남편은 아이들 교육을 위해서 도시로 이주해야 한다는 결심을 하고, 시골 생활을 정리하고, 89년도 걸프전이 일어나던 시기에, 서울 구의동에 꼬치구이 체인점을 오픈하여 이사를 왔습니다.

차남이 막 첫 번째 생일이 지난 시점이었습니다. 아이들은 시어머니에게, 유치원에 들어가기 전까지만 보아달라고 맡기고, 저희 부부만 우선 서울로 상경을 하였습니다.

장사는 저희부부 두 사람에게는 낯설고 두려운 일이었지만, 그래도 그럭저럭 장사는 잘 되었습니다. 그런데 문제는 좁은 주방에서 하루 종일 부부가 같이 일을 하다 보니, 아주 사소한 일을 가지고도 서로 의견이 달라서, 다투게 되는 일이 종종 생겼습니다. 궁리 끝에 남편은 장사에서 독립을 하여 회사에 취업을 하고, 가게는 제가 혼자 운영을 하였습니다.

그러는 중에 장남이 유치원에 들어가게 되어 상경을 하고, 돌쟁이 아기였던 차남도, 세월이 흘러서 유치원에 들어가게 되어 서울로 와서, 떨어져 살던 저희 가족이 모여 살게 되었습니다.

서울에 올라온 목적이 아이들 교육 때문이었기에 가게를 정리하고 저는 전업으로 집에서 살림만 하였습니다.

친정집이 인천으로 이주해서 살았는데, 친정집 근처로 2004년도에 이사를 하였습니다.

장남이 대학교에 입학을 하고 저도 아이들 학원비라도 벌 요량으로 가구회사에 취업을 하였습니다. 시골에 계시던 시어머님도 연세가 팔순이 되셔서 집을 장만하여 인천으로 모셔와서 함께 살게 되었습니다. 그렇게 가구회사를 15년 정도 다니고, 이직을 하여 미추홀구 시설관리공단에 2018년에 입사를 하여 지금까지 근무하고 있습니다.

모시던 시어머님도 2019년도 93세의 일기로 돌아가셨습니다. 평생 단정하고 자식들에게 헌신적이고 모범적으로 사시다가 편안한 모습으로 운명하시는 시어머님의 모습을 보면서, 저도 어머님 같은 사람으로 살아가야 하겠다고 생각하였습니다.

차남이 27살 때 네 살 어린 23살의 어여쁜 며느리를 데리고 와서, 현재 손녀가 8살로 초등학교에 다니고 있습니다. 며느리가 근래, 서울 논현동으로 취업을 해서 남편이 일을 그만두고, 손녀를 보러 아들집에 출퇴근하고 있습니다.

저는 어릴 때 학업을 중단하였기에, 평생 공부에 대한 아쉬움이 있었습니다. 2022년 5월에, 평소 배우고 싶던 제과제빵을 배우러, 퇴근하고 밤에 부평으로 학원을 다니고 있었습니다. 그날도 학원을 갔다 오는 길에 1호선 전철을 탔는데, 차 안에서 운명 같은 지하철 광고를 보게 되었습니다. 일요일만 등교를 하여 검정고시 공부를 하는, 대한민국에서 유일무이하게 단 하나밖에 없는 오뚜기 일요학교 광고였습니다. 그렇게 해서 꿈에 그리던 검정고시 공부를 오뚜기 일요학교에서 시작하였습니다.

작년 8월에 중졸에 합격하고, 올 4월에 고졸에 합격하여 10개월 만에 중졸·고졸 6년 과정을 마쳤습니다.

그리고 올 8월에 청운대 인천캠퍼스에서 무시험특례 입학전형으로, 학생을 모집한다는, 운명 같은 지하철 광고를 다시 한번 접하게 되었습니다. 그래서 이번 생에서는 불가능하고 다음 생에서나 가능할 것 같은 대학교 공부를 하게 되었습니다. 아무리 생각해도 꿈만 같은 일이 이루어졌습니다. 청운대에 입학하여 부동산경영학과를 전공하게 되었습니다.

저는 9월 학기로 대학교에 입학은 하였지만 수능에 대한 로망이 있었습니다. 그런데 여러 선생님들께서 수능에 대한 동기부여를 적극적으로 해 주셨습니다. 선생님들의 절대적인 지원에 힘입어, 용기를 내어 시교육청에 가서 수능시험 원서접수를 하였습니다.

11월 16일, 그 날은 비가 오는 날이었습니다. 점심 도시락 가방을 들고 말로만 듣던 수능 고사장에 입실을 하여 지정된 자리에 앉았습니다.

나이 많은 할머니 수험생은 저 혼자였습니다. 손녀 같은 어린 수험생들과 나란히 앉아 시험을 보자니 왠지 부끄럽고 쑥스러웠습니다. 아이들은 인생이 걸린 일생일대의 중요한 시험을 보는데, 혹여 방해나 되지 않을까 싶어, 매우 조심스러워 최대한 신경을 써서 시험에 임하였습니다. 여섯 과목 전 과목에 응시를 하였습니다.

드디어 12월 12일날, 수능성적표를 시교육청에 가서

배부받아서 손에 들고, 감개무량함에 목이 메고 눈물이 한줄기 흘러 내렸습니다.

　제가 이 수능성적표를 받아보기까지, 평생 가방끈 짧은 무지랭이로 살아가야 하는 저인데, 정성을 다해서 저를 밀어주고 이끌어 주신 오뚜기 일요학교 선생님들의 얼굴이 주마등처럼 스쳐 지나갔습니다.

　이분들의 은혜를 뼈에 새기고 평생 잊지 않으리라 다짐을 하였습니다.

　늦게 시작한 공부이지만, 부단히 배우고 익혀서, 사회에 꼭 필요한 인재로 거듭나서, 오뚜기 일요학교의 자랑스러운 졸업생이 되자고 결심을 하였습니다.

길고도 어려운 삶

박이순

어디서부터 어떻게 내 마음을 표현하는 것이 좋을까?
나의 삶을 뒤돌아보면 어떤 것도 다시 생각하고 싶지 않다.
모든 사람들이 넓고 편한 길로 가는 것 같은데,
왜 나 혼자 남들이 외면하는 어둡고 좁은 길을 가야만 했을까?
내가 선택한 것도 아니고 어쩔 수 없이 가야만 했던 길이었다.
그 길이 좁고 어두워서 많이 울었고
걸어갈 수가 없어서 아무도 몰래 정말 많이도 울었다.
그리고 제주도에서 1987년도에 서울로 올라왔다.
서울에 올라와서도 많은 고생을 하며 살다보니 좋은 일도 있었다.
우리 아들들도 결혼해서 잘살고 있고, 손자도 세 명이고.

이제 나는 행복하다.

어렸을 때 못한 공부를 하고 있다.

나는 지금 늦었지만 오뚜기 일요학교에서 공부하고 있다.

고맙고 감사한 우리 선생님들을 비롯하여 모든 학우님들도 고맙고 감사하다.

이만하면 나의 삶도 성공했다고 본다.

인생

안현임

　삶이란 어떤 걸까. 어떤 사람은 아무 일없이 잘들 사는데, 어떤 사람은 암에 걸려서 힘들어 하고 어떤 사람은 말년까지 재미있게 즐겁게 산다.
　생을 마치는데 운 좋지 않게 암에 걸려 힘들게 살아가야 하는지 마음이 편하지 않네요.
　다 건강하게 마음 편하게 살다 생을 마칠 수는 없는 걸까요.
　삶이란 너무도 힘든 것 같아요.

나의 인생

손기준

　당신은 아십니까 초등학교만 졸업한 사람의 심정을,
　당신은 아는가요 교복을 입고 교모를 쓰고 등교하는 친구들을 부러워하며
　속 끓인 적이 한두 번이 아니었음을
　당신은 아나요 가난이 어떤 것인지 부잣집 밥 먹듯이 굶는 것이 어떤 고통인지
　사계절 내내 한 두 벌의 옷으로 살다보니 여름은 너무 덥고 겨울에는 추워서 벌벌 떨고 산다는 것이 어떤 고통인지를
　당신은 아는지요 가방끈이 짧은 관계로 친구도 사귈 수 없었음을
　이야기 도중에 어느 학교를 나왔느냐 담임은 누구였느냐 하는 말이 나올까봐 지레 겁을 먹고 사귐을 기피했음을

당신은 아나요 가방끈이 짧은 관계로 선도 못 보고 결혼을 할 수 없었다는 것을 모르실 거예요 그 때의 내 심정을

그렇게 세월을 보내다가 혼기 놓친 처녀를 소개 받아 35세 나이에 결혼을 하여 딸, 아들 잘 낳고 잘 살았어요

팔불출이 한번 되어 볼까요 맏딸은 부산으로 시집가서 웨딩숍을 경영하며 잘 살고 있고요 아들 둘은 다 대기업에 취직되어 잘 다니고 있고요

3년 전쯤 큰 며느리를 보았는데 서울에서 이름 난 여자 대학을 나온 약사랍니다

그런데 한 가지 아쉬운 것은 고생만 시킨 아내가 유방암으로 세상을 버림으로 지금은 혼자라는 것입니다

내 인생에 즈음하여

오대형

　내 인생의 가을 문턱에 와 있다. 언제부터였던가? 공부에 대한 목마름으로 갈망하던 중, 아들의 소개를 받아 오뚜기에 왔다. 도전이라는 단어를 떠올리며 열심히 공부하려 검정고시를 통해 중학교 졸업이라는 작은 꿈을 이루었다. 고등학교 졸업이라는 큰 기대를 가슴에 품어본다. 재우 친구와 학용이, 모든 친구들과 추억을 쌓으며 새로운 나를 찾아 마음의 평화를 얻을 것이다.
　우리 모두는 모든 것에 감사하는 마음으로 한 글자 한 강의도 소홀하지 않으며 더욱더 글쓰기에 매진하겠다.
　가을바람이 선하게 분다.

평생공부

이학용

    삶의 질을 높이기 위해서 문화와 교양을 배우고 싶습니다. 문화는 우리들 생활 속에서 숨 쉬고 있으니, 공부를 꾸준히 해야겠습니다. 지난번에 국어 선생님께서 주신 사진 속의 글이 마음속에 남아 있습니다. 고은 씨의 "순간의 꽃" 중에서

    노를 젓다가 노를 놓쳐버렸다.
    비로소 물을 보았다.

    물을 볼 수 있는 여유와 낭만은 휴식과 생각이 있어야 느낄 수가 있었습니다. 또 다른 글 중에는,

    올라갈 때 못 본 꽃
    내려올 때 보았다.

    우리가 보지 못한 것들을 볼 수 있는 것들은 호기심과

감탄을 줍니다. 문학에서 배우고 자연에서 배우고 사람에게 배우고 평생 교육을 통해서도 배워서 나를 표현하는 방법을 배우고 싶습니다.

나의 각오와 시작

이희숙

　어느 것부터 시작인지 각오인지 모르듯이 각오가 되어버린 것이 시작의 공부이다.
　남들과 다른 공부의 방법과 기초를 바꿔서 시작이 된 것 같다.
　내가 한방 공부를 하고 싶은 꿈이 언제부터인가 싹트게 했다. 내 건강과 엄마 건강을 관리하고부터 시작되었다. 안 아프고 오래 사셨으면 좋겠다던 우리 엄마! 지금은 안 계시지만…….
　대학을 한방건강관리학과라는 학과로 다닐 예정이다.
　공부의 목마름에 시작은 했지만 아직도 진행중이다. 수학과 국어, 영어는 좀처럼 진도가 나가질 않는다. 특히 수학은 할 때마다 잘 되다가, 꽉 막힐 때는 당장 그만두고 싶을 때도 있다. 다시 한번 굳게 다짐을 또 해본다.
　수학은 문제를 푸는 방법과 해결해 나가는 것이 삶과

같은 것 같다. 또한 이 삶의 문제를 잘 헤쳐 나갔으면 좋겠다!

나의 생각

김정례

처음에 오뚜기 학교에 나오게 된 계기는 지하철에서 모집 광고를 보고 나도 배워야 하겠다는 생각으로 첫 발을 디디고 학교를 찾아 왔다.

올 때는 글씨를 보기는 보는데 어디에 들어가는지 모르고 띄엄띄엄 보았는데 조금씩 읽기를 하게 되고 또 점심시간에 김밥 먹는 게 좋다.

매주 선생님들 보고 학생 친구들도 보고 참 좋았다.

그런데 지금은 정말 선생님들께 죄송합니다.

공부를 가르쳐 주셔도 이해를 못하고 자꾸 뒤쳐져 내가 미워요.

지금은 머리에 아무 생각이 나지 않아요.

정년퇴직 후 제2직업을 꿈꾸며

조영숙

나는 앞으로 2~3년 후면 정년퇴직을 한다. 제2의 직업을 갖기 위해서 준비 중이라 기대도 되고 설렘도 있다. 잘할 수 있을 것이라고 고민 중……

열심히 하다 보면 꿈을 이룰 수 있을 것이라고 생각한다. 꿈이 있으면 사는 활력이 생기기 때문이다. 꿈! 커다란 에너지이긴 하지만……

이 나이에 꿈을 갖는다는 것은 참 어려운 일이지만 내 마음 속에 꿈은 실현될 수 있는 단어이기에 도전을 해본다. 그리고 소중한 학교도 나의 희망이다. 우리 모두 바라보는 곳은 한 곳인 것 같다. 존경하는 선생님들께서 가르쳐주신 배움……

열심히 공부해서 대학교도 갈 것이다. 즐거운 학교생활은 우리에게 비타민이기 때문에……

나의 버스

손명화

　출근할 때나 퇴근할 때도 기다려지는 유일한 버스가 있다.
　언젠가는 착각하고 다른 버스를 탔다.
　왠지 낯설고 어리둥절했었다.
　정신을 바짝 차리고 방송을 들었다.
　그리고 얼른 다음 정거장에 내려서
　내가 기다리는 버스를 탔다.
　타면서 안도의 한숨을 쉬었다.
　아침 출근 시간이면 자주 만나는 사람들이
　안 보이면 왠지 궁금하다.
　나와는 아무 상관도 없는데.
　과연 저 사람들은 무슨 일들을 하고 있을까?
　혼자서 잠깐씩 생각을 하게 된다.
　나는 이 버스가 편해서 좋다.

자주 이용해서 그런지 고마워요 350번!

나의 추억, 나의 꿈

노애숙

나의 추억

우리의 추억, 초등학교 때 친구들과 집에 오면서 길거리에 까마중을 따먹으며 낄낄거리던 일, 학교 갈 때 세발자동차를 타고 등교하던 일, 학교에서 산에 가 송충이 잡던 일

나의 꿈

2015년 5월에 오뚜기 왔다. 이런 곳이 있는 걸 모르고 살다 지하철에서 보고 꿈을 꾸었다. 2016년 8월 고졸 검정고시 합격 너무 좋았다. 내년에는 졸업과 동시에 청소년교육학을 공부할 수 있었으면 좋겠다. 청소년교육학을 하려는 것은 청소년 심리 상담을 하고 싶어서 생각을 한 것이다. 지금 우리나라 청소년들의 마음이 너무 메말라 있어서 그 마음을 따뜻하게 보듬어주고 싶어서이다.

10년 후

김선옥

10년 후 내 모습은 어떻게 변해 있을까?

"거울아, 거울아. 이 세상에서 누가 제일 이쁘지?", "그야 우리 김나현(손녀), 김두현(손자)이 제일 이쁘고 멋지지."

어젯밤 백설공주 동화책을 읽어주며 한 얘기다.

나는 생각한다. 10년 후 우리의 모습은 어떻게 변해 있을까? 오뚜기 식구들은 어떻게 변해 있을까? 선생님들도 다 시집 가고 장가 가서 '삐약 삐약' 병아리들도 있을 거고 나 역시 환갑을 지나 많이 늙어 있겠지. 그리고 옛 추억을 기억하며 살아가겠지?

오뚜기에서 평생 못한 공부도 하고 검정고시 중학교, 고등학교 합격증도 받고 그 다음은 무얼 하고 살아갈까? 대학도 갈 수 있을까?

아이!! 됐다. 그만 하면 되지 뭐.

앞으로도 오뚜기 〈디딤반〉 앞줄에 경희 언니, 뒤에 기복씨, 애란 씨, 옆에 명화 언니, 춘희 언니, 순희 언니와 한 반에서 웃으며 공부하던 시절을 기억하며 살아가리라.

10년 후 좀 더 잘 살아가는 나의 모습을 기대하며…

16살 소녀래요

정애란

평일 낮에는 직장인이 되고 밤이 되면 주부가 되며 주말에는 학생으로 살아가는 나는야 꿈이 많은 사람입니다. 오늘 일요일 책가방을 둘러메고 전철에 몸을 싣고 마을 버스로 갈아타고 도착한 나의, 아니 우리의 오뚜기 학교.

학교 문을 들어서는 순간, 난 불혹을 넘은 나이가 아닌 20년 전의 학창시절 소녀였던 수줍음 많고 호기심 많아진 16살 소녀로 돌아갑니다. 하하호호 깔깔깔- 뭐가 그리 정겨운지 뭐가 그리도 할 얘기들이 많은지 그저 소녀 같은 그네들은 웃느냐, 수다 떨기 바빠도 수업 종소리 울리면 후다닥 자기 자리 찾아 앉아 오늘도 선생님 말씀 놓치고 싶지 않아 귀담아 듣지요.

가끔 날씨 좋은 햇살에 춘곤증이 밀려와 내 눈꺼풀이 천근만근이어도 이곳의 행복을 어떻게 설명할 수 있을까요.

　누군가 배움에 목이 마른 사람이 있다면 정말 손을 내밀고 싶습니다. 이곳의 행복이 어떤 곳인지 알려주고 싶으니까요.

　오늘도 배움의 꿈을 꾸는 나는야 16살 소녀입니다.

가을 하늘에 비친 유년시절

강정숙

더워 더워 하던 날이 엊그제 같은데…
서늘한 바람도 가끔씩 느껴지고-.
문득 고개를 들어 하늘을 쳐다보았다.
높이, 멀리, 아득히, 하늘은 내게 그런 이미지다.
학업을 더 이상 할 수 없어 포기할 때는 높이 아득하기만 했고
안타까워하며 포기하고 - 그러면서 바라보았던 하늘.
어릴 때 풍선에 줄을 매달아 가지고 놀며 만지작거리다가 끈을 놓쳐
어떻게 잡아볼 사이도 없이 두둥실 내 손을 떠나 소리 없이
아득하게 멀어져 가던, 높기만 하고 어떻게 손을 써볼 수도 없는 하늘.
가끔씩 삶이 힘들어 올려도 본 하늘에서

어릴 때 친구도 만나고 그리운 추억을 떠올려본다.

하늘은 조용히 침묵하며 평화로운데

모든 것을 수용하는 듯한데-

이번 가을은 마음이 평화로워져서 만나는 사람마다에게

사랑과 평화를 전할 수 있었으면 좋겠다.

오월의 푸르름

박춘옥

휴일이 많은 5월의 어느 날, 혼자서 동네 산을 가려다 발길을 돌려 전철에 몸을 실었다. 사람들은 저마다의 갈 곳을 정하고 가겠지만 난 목적지를 두지 않고 한참 가다가 공원에서 내렸다.

역시 사람들은 자리를 차지하고 북적이고 있었다. 그다지 높진 않지만 산행부터 올랐다. 좀 힘들었지만 정상에 오르니 너무 상쾌한 기분. 앞에는 맑은 호수가 보이고 호수 위에 비춰지는 산과 나무들 호수 뒤에는 싱그런 푸르른 잎들이 바람에 넘실거리고 초록빛 산들이 병풍을 대신하고 있었다.

한참 동안 풍경에 취해 물 한 모금 적시고 내려와 사람들이 많은 곳을 찾았다. 큰 정자나무 아래 라이브로 들려주는 노래가 잔잔하게 듣기 좋았다. 주위엔 꽃도 있고 물도 흐르고 싱그러운 나뭇잎들이 산들산들 춤을 추고. 앉아서 보고 있노라니 세상 부러울 게 없었다. 분위기에 시간 가는 줄 몰랐다.

모금함에 자리값을 조금 하고 주위를 둘러보면서 걷는데, 오월의 푸르름은 유난히 싱그럽고 푸른 잎들 푸른 들판. 내가 너무 좋아하는 풍경이다.

혼자여서 아쉬웠지만 용기 있는 나 자신에게 오늘 잘했어, 칭찬하고 뿌듯한 마음으로 나의 보금자리를 향해 발길을 재촉했다.

하루

김선옥

　오늘도 어제와 같은 또 하루가 가고 있다. 서늘한 바람과 함께 또 한해의 가을이 시작된다. 오뚜기의 생활은 나의 비타민이다.
　어제도 구리시 코스모스 축제, 내가 좋아하는 주현미의 등장, 출연에도 못 가고 허리 통증으로 오뚜기에 오기 위해서 쉬었다.
　아! 대단하다. 나 자신을 위로한다.
　평일의 오후에는 외손주, 손녀가 유치원에서 오면 같이 놀아줘야 한다.
　외손주 말,
　할머니, 나는 왕자님하고 누나는 공주님하고 할머니는 괴물하란다. 매일 매일 같이ㅋㅋ 너무 잘 놀아줬나? 허리가 아파졌다ㅠㅠ.. 언제까지 봐줘야 하는 건지…
　그래도 재미있다. 재롱에 재롱이 더해진다.

이러면서 사는 거겠지… 생각에 오늘도 또 하루가 간다. 오뚜기 오는 것을 기쁨으로 생각하면서…

남들은 나에게 멋있다고도 말한다. 할 수 없는 것에 도전했다고.

용기를 내서 열심히, 열심히 해봐야겠다.

나의 휴가

안현임

 어제는 회사 동료들을 만나서 구경하려 다녔는데 길도 몰라 헤맸다. 그리고 길에 다니는 사람들이 너무 많아 명절 같은 기분이 들었다. 회사를 그만두고 혼자 산에 다니며 아카시아며 이런 저런 꽃, 벌레들을 보기만 하였는데 어제는 많은 사람들을 보아 명절 같다는 느낌을 받았다.
 그리고 퇴사를 하고 집에 놀면 시간이 가지 않는다 하는데 하루 시간이 너무 빨리 가는데 왜들 시간이 안 간다 하는지 난 모르겠다. 놀다 보니 시장에 채소며 이것저것 비싸게 주고 사다 먹었는데 요즘은 가격 차이가 많이 난다는 것 절실히 느낀다. 이모저모 너무 가격 차이가 나서 놀라 하는 난 신기하기만 하다.
 그리고 집안일을 하는데 표시가 나지 않는 기분도 든다. 요즘 들어선 반찬도 이것저것 챙기며 마음이 편안함을 느끼게 된다. 그런데 놀고 몸은 편한데 몸이 자꾸 아파 드러눕는 일이 많다. 그래도 어제보다는 오늘이 오늘보다는 내일이 더욱 좋아질 거라는 생각으로 휴가 같은 하루를 또 보낸다.

수학여행

이현옥

수학여행 '널' 기다렸어
학생, 선생님 모두 '널' 기다렸어
여름밤. 지암계곡. 청정한 물소리 쏟아지는 소나기
지글지글 고기굽는 소리. 구수한 냄새 흠~~흠
흥겨운 기타소리 줄 끊어질 듯한 기타소리
흥겨운 노랫소리 꺼끌꺼끌한 노랫소리
계곡의 밤을 두드렸어
즐거웠어 그대들과 함께한 그 시간들
그대들이 생각하는 우리들은 무엇일까
우리가 생각하는 그대들은 향기 자연의 향기
잊혀지지 않을 풋풋한 향기. 향기
우리들 마음속에 영원히 기억될 향기
하고 싶은 말 고마웠어 잊지 않겠어 야이-야이-야-

숲. 밤안개 물 먹은 나뭇잎. 계곡의 물소리 청정한 물소리

우리들 마음 촉촉이 젖어들고

감미로운 기타소리 힘찬 기타소리

감미로운 노랫소리 꺼칠꺼칠한 노랫소리

계곡의 밤은 깊어만 갔네

시간은 지나고 우리와 그대들

한 장의 사진으로 남겨지고 추억이 되었어

자연의 향기 그대들 싱그러운 향기 그대들

고마웠어 잊지 않겠어

하고 싶은 말 잊히지 않길 바라

긴머리소녀 흰머리소녀 되어도

마음은 긴머리소녀 그 느낌 그대로

고마웠어 잊지 않겠어

2011년 8월 15일 지암계곡의 여름밤을

야이-야이-야-

가을 길

황화향

　꽃집과 거리에 국화꽃이 즐비한 것을 보고 잠시 걸음을 멈췄다. '아~ 가을이 오는구나!' 하고 바쁜 걸음을 옮겼다. 콘크리트 도시에서 느끼는 쓸쓸한 계절감에 왠지 허탈해진다. 계절은 변함없이 그 모습 그대로 오는데 맞이하는 상황은 삭막하다. 공허함 속에 순간 아련한 옛 추억의 가을 길목이 스쳐 간다. 동네 어귀 먼 산에 한 폭의 수채화처럼 가을이 스며들면, 황금물결 일렁이는 들녘은 풍요롭고 아름다운 가을 공원이 된다. 뒷동산엔 앙증맞고 귀여운 아기 단풍나뭇잎 딸기처럼 빨갛게 물들고 코끝에 와 닿는 향긋한 꽃향기 따라 간 곳엔 망울망울 피어나는 청초한 들국화 수줍게 웃으며 반긴다.

　가을 꽃 한 송이 머리에 꽂고 곱게 물든 단풍잎 하나 책갈피에 끼운다. 알밤 줍다 다람쥐와 눈 마주쳐 작은 알밤 한 톨 나눠주면 말똥말똥한 눈으로 고개를 갸웃거리며 간다. 노란 은행잎 수북이 쌓인 비단길엔 실바람 타고 한들거리는 코스모스 나를 보고 손짓한다. 구름 한 점 없이 맑고 높은 하늘 아래 춤추듯 빙빙 맴도는 고추잠자리 쳐다보다 논둑길에 빠지면 놀란 메뚜기 떼 여기저기서 툭툭 튀어오른다. 우리는 메뚜기 잡으러 이리 뛰고 저리 뛰며 해 저무는 줄 몰랐다.

  가을 정취에 흠뻑 취해 하루를 보내고 집으로 돌아와 단잠을 청한다. 귀뚜루 귀뚜루루 귀뚜라미 울음소리 자장가 삼아 잠이 들 때 꿈길에서도 행복한 미소를 짓는다. 추억여행 따라 가을 길로 나서야겠다.

비오는 토요일의 청계천

정경숙

토요일 오후 사무실로 두 언니를 초대했다.
한 번도 청계천을 보지 못했단다.
친언니는 아니지만
그녀의 사무실이 청계천 근처라서
구경시켜 주려고 일주일 전에 약속을 했다.
아침서부터 깨끗이 청소하고 4시에 출발했는데
가는 날이 장날이라고 옷이 젖을 정도로 비가 온다
그녀와 두 언니는
셋이 나란히 우산을 쓰고 청계다리를 걷는데
두루미가 비를 쫄딱 맞아
외로이 홀로 서 있다.
우리는 서로 사진을 잘 찍으려고 폼 잡는데
우리 속을 아는지 자꾸 움직이다가 결국은 날아갔다.
우리는 비를 맞으며 사진도 찍고

물 흐르는 소리,
풀, 꽃, 피라미, 아주 큰 고기 구경하면서
저기 쑥 좀 봐, 뜯을까~
아냐 나중에 비 안 올 때 뜯으러 와~~
그런대로 비 맞고 물 구경 하는 것도 운치가 있네~
이런 날이 또 언제 오겠어. 맞아 맞아~
그녀는 그렇게 두 언니들과 웃으며 걷는다.

부산 여행

이용인

　KTX를 타고 부산에 가서 부산투어를 다녀왔다. KTX가 생긴 지는 오래됐지만 처음으로 타본 것이라 객차 안에는 예전에 완행열차에 있었던 이동식 매점이 있었다. 그 집을 보고 나는 아버지와의 추억이 떠올라서 미소가 지어졌다. 아주 오래 전에 어렸을 적에 아버지와 서울 할아버지댁에 올라오게 됐었다. 그 때에 완행열차를 타고 오게 됐는데 아버지가 계란 한 개와 사이다를 사서 주셨다. 처음 먹어보는 사이다는 신세계 맛이었다. 그때는 몰랐었다. 아버지는 안 드셨다는 것을…

　이제 생각해보니 철이 없었다. 아버지와 소중한 추억을 떠올리다 보니 어느새 기차는 부산에 도착했다. 점심을 먹고 나서 부산 투어 2층 버스를 탔다. 버스가 부산항대교를 진입할 때는 무서워서 심장이 오그라드는 것 같았다. 부산의 유명 명소를 버스를 타고 관광을 하니

편리하기도 하고 즐겁고 행복했다. 부산에는 관광지도 많았지만 젊은 청춘들은 더 많은 것 같았다. 아마도 우리나라 젊은 청춘들은 부산으로 다 모인 것 같았다. 젊은 청춘들을 보는 것도 즐거웠다. 내 생에 또 하나의 추억을 만들었다.

자연이 알리는 계절

박춘옥

일찍이 일어나 시골을 가는데, 계절을 알리고 있었다.

차창 밖을 내다보니 가을을 재촉하듯이 들판엔 곡식들이 무르익고 넓은 평야에는 황금물결이 일렁이고 있었다.

길가엔 코스모스도 군데군데 피어 있고…….

어느 땐가 허허벌판으로 변해 가고 나뭇잎도 자취를 감추겠지.

그럴 땐 내 마음은 너무 쓸쓸하고 그 누군가한테 의지하고 싶은 마음.

오뚜기에 와서 보면 그 순간엔 다 잊혀지겠지.

속초에 가서

이나경

바다를 보고 싶은 마음에,
각종 맛난 해산물을 먹고 싶은 마음에,
전날부터 준비해 무작정 떠난 속초였다.
잔뜩 기대했던 마음 때문일까 비가 와서 마음은 흐렸다.
철철 내리는 비를 보며 마음은 더더욱 흐려갔다.
비 온다는 말이 없었는데! 아무데도 갈 수 없어, 호텔 뷔페에서 저녁을 때우기로 했다.
아흐~ 원했던 생선구이, 물회, 오징어순대는 사라져 버렸다.
잠시 쉬고 비에 젖은 옷을 갈아입고 뷔페로 갔다.
좀 이르다 싶은 저녁인데 바다가 보이는 창가에 자리 잡고 한 접시 주섬주섬 먹었다.
어, 저게 뭐야.

장대비가 쏟아지더니 어느새 그치고,
찌푸린 하늘에는 수줍고 예쁜 무지개가 살포시 피었다.
모두가 와~ 하고 탄성을 냈다.
내일부터 무지개처럼 예쁜 여행이 될 거라고 기대해 보았다.

나의 환갑 그리고 여행

이영란

　비가 오고 잠이 오지 않아서 써 보는 글. 미나미아사가야 그 동네가 다시 떠오른다. 일본의 외곽, 우리 아들 표현으로는 도쿄의 쌍문동. 작지만 깨끗한 숙소. 전철역은 가까웠고, 일본의 느낌은 참 친절했다.

　도쿄는 거리가 대체로 깨끗했다. 너무 적게 주는 음식양만 좀 불만이었다. 밤에 가 보았던 도쿄시청의 야경, 무슨 007작전처럼 아주 은밀하게 밤에 뒷길로 소지품 검사를 받고, 순간이동처럼 40층까지 올라왔다. 와! 하는 탄성과 함께 도쿄의 야경은 아름다웠다.

　난 도쿄를 꼭 가보고 싶었다. 베이징에는 가 봤기 때문이다. 일본의 신주꾸는 참 복잡했고 긴자는 너무 깨끗하고 조용했다. 마치 어느 외국영화에 나온 장면처럼, 고급스런 진열이 이어졌다. 나는 소리치고 흥분하고 즐거웠지. 3박 4일간 남편과 아들은 피곤해 하였지만 말이다.

　어느 공원에서 결혼식과 피로연을 보았다. 신부의 전통의상은 정말 아름다웠다. 일본 의상 기모노에 대한 우리나라 사람들의 의식을 바꾸고 싶어졌다. 일본 전통의상의 뒤태는 어른들에게 들었던 그런 것이 아니었다. 나는 말해 주고 싶다. 기모노의 잘못된 편견은 버리라고.

　또 약수터에서 물을 먹었을 때 어떤 젊은 부인이 말은 안 통했지만 입으로 직접 물을 먹은 나에게 손바닥으로 물을 받아먹어야 한다고 설명했다. 몸짓으로 난 웃으며 아리가또 하고 웃었던 기억이 난다.

　일본에는 엄청 큰 인상은 없었다. 사람들은 조용했고, 입고 있는 옷은 수수했다. 젊은 여성들은 원피스를 많이 입고 나이 드신 분들은 주로 아이보리색이나 진한 회색을 입고 있었다. 전철의 넓이는 우리보다 좁고, 갈아탈 때마다 돈을 내야했다.

　신주꾸의 오거리, 삼각의 교차로에서 많은 사람들은 정말 장관이었다. 길에 사람이 별로 없는 듯했는데 신호가 내려지자 막상 사람의 홍수였다.

　미나미아사가야를 떠나고 몇날을 젖먹이 떼놓고 온 것처럼 가슴이 시렸다. 사랑하는 사람을 두고 온 것처럼. 내가 전생에 일본에서 살았나 생각하기도 하고. 나중에 오끼나와에 다녀오고서야 애끓던 마음이 가라앉았다. 기회가 온다면 미나미아사가야 도쿄의 쌍문동에 다시 한번 가 보고 싶네…

나의 일상의 하루

이경희

하루를 알리는 햇살이 베란다 앞에 고스란히 내려앉는다!
나는 그 햇살을 보며
동창이 밝았느냐 노고지리 우지진다
소 치는 아이는 상기 어데 갔느뇨.
재 넘어 산은 언제 메려 하느니
하면서 중얼거린다.
이른 아침 창가에서 아이와 이 시를 읊는다!
고단한 하루의 시작을 알리는 내 일상에서 나는 아이의 눈을 보며 동네 사람들! 동네 사람들 다들 안녕하신지요!
그럼 아이는 울던 울음을 그치며, 내 눈을 본다. 흐흐.
동창이 밝았느냐. 그래 나도 재 넘어 산 메러 갈 거다.
이렇게 마음속으로 외치며. 편안한 하루를 기대해본다!

회상

이용인

　새벽에 일어나 시골길을 달리다 보니 날이 밝아지기 시작했다.
　누런 황금 들판에는 벼가 익어가고 있고 풍성하게 열려 있는 과일들도 따스한 햇빛을 받아 탐스럽게 익어가고 있고 도로 옆 길가에는 울긋불긋 한들한들 코스모스가 피어 있어 보는 이의 마음도 흐뭇한 미소가 절로 지어지게 한다.
　풍성한 가을!
　어렸을 때 기억마저 새록새록 나게 하는 마음의 여유를 느끼게 하는 참 좋은 계절인 것 같다. 친구들과 메뚜기도 잡고 소풀을 뜯으러 다니고 코스모스 꽃을 따서 머리에 꽂고 서로 쳐다보고 깔깔대며 온 동네를 뛰어다니며 놀던 그 때 그 시절, 그때가 그립다. 어린 시절, 같이 놀았던 그 친구들이 어디에서 살고 있을까? 친구들이 보고 싶고 코스모스 한들한들 피어 있는 한적한 시골에도 가고 싶다.

최점숙의 기록

최점숙

나의 사랑스러운 딸 얘기를 하고 싶어요.

시집을 일찍 가서 스물 한 살에 우리 큰 딸을 낳았어요.

그때는 너무나 어려워 딸아이가 예쁜지도 모르고 세월이 갔어요.

그런 딸 내일이면 시집을 간다 하네요. 힘든 시절에 의지가 많이 되던 딸인데 해준 것도 없이 도움만 받았는데 그래도 좋은 남자 만나 간다니 너무 좋습니다. 부모 도움 없이 두 힘으로 이룬 결혼이니 서로 사랑하고 서로 믿으며 우리 딸 같이 착한 아이를 낳고 행복하게 살았으면 좋겠습니다.

나는 우리 딸 보내 빈 가슴을 오뚜기 가족과 고마우신 선생님들과 행복하려 합니다.

이 글을 쓰는데 눈물이 나는 것은 왜일까요?

이 글을 읽는 선생님께 감사합니다.

박춘옥의 기록 1

박춘옥

  사랑스러운 딸이 산달이 되어 시댁 어른들 찾아뵙고 친정집 나의 집으로 온 지 며칠. 통화하더니 시아버님이 그저 감기 몸살 정도로 편찮으시다고 해서 대수롭지 않게 생각했다. 딸은 해산하기를 오늘 내일하고 있는 터라 나도 출근하면서 불안해하면서 한참 일하고 있는데 사위님한테 전화가 왔다. 아버님께서 운명하셨다고 딸한테 어떻게 말해야 할지 모르겠다고 너무 놀라 어찌할 바를 몰랐다. 집으로 와 딸한테 놀라지 말고 얘기 들어 이야기했더니 딸이 놀라서 울면서 믿어지지 않는다고 간다고 하면서 서두른다. 근데 시댁에서는 오지 말라고 해서 겨우 달래서 조금 있는데 딸이 배가 아프다면서 산기가 보여 곧바로 병원으로가 진통 10시간 만에 건강한 사내아이를 낳았다.
  한 사람은 갑자기 세상을 등지고 한 아이는 세상 밖으

로 나오고 어쩜 이럴 수가 있을까? 그 와중에 시댁 어른들은 남자야 여자야 궁금해 하신다. 일을 다 치루고 사위님은 야윈 모습에 꽃다발을 사들고 고생했다면서 딸을 위로해준다.

박춘옥의 기록 2

박춘옥

  나에겐 아름다운 추억이 너무도 없는 야속한 세월입니다. 초등학교 가면서 단 하루도 나만의 자유 시간 없이 시키는 대로 꾀부릴 줄 모르고 해야만 되는 줄 알았습니다. 그러다 중학교에 가야 하는데 친구는 가는데 나도 보내달라고 울면서 떼를 많이 썼는데도 울 엄마는 못 들은 척 당신 하시는 일만 묵묵히 바쁘게 하셨지요.
  이모가 같은 동네에 사셨는데 서울로 이사하면서 나랑 같이 졸업한 이종 사촌이 중학교를 다니게 되었죠. 하얀 상의 곤색 치마 하얀 양말에 곤색 운동화를 신고 나가는 거 보면 너~무도 부러웠답니다. 교복 걸어 놓은 거 보고 아무도 없으면 몰래 몇 번 입어도 봤습니다.
  답답한 세월을 보내면서 한 때는 울 엄마가 미웠고 야속했습니다. 나의 머릿속엔 항상 언젠가 꼭 학교생활을 해보고 싶은 맘이 저장되어 있었지요.

그러던 어느 퇴근하고 오는 길에 아는 지인한테 피자 먹으러 오라고 연락이 와서 이야기하면서 먹는데 이러이러한 학교가 있다기에 귀가 쫑긋했지요. 너무 반갑고 좋았습니다. 그 지인이 용인 씨라고 합니다.

  막상 학교에 와보니 너무도 답답한 나의 자신이 정말 싫었고 눈물이 났지요. 포기할까 하다 그래 시작했으니 하는 데까지 해보자 굳은 마음먹고 지금까지 왔습니다. 이제야 병아리가 눈을 쪼끔 뜰락 말락 하는 중이랍니다.

  일요 오뚜기 선생님분들 너무나 감사하고 정말 사랑스럽습니다. 일요일 얼마나 게으름 피우고 싶겠어요. 그런 선생님분들 생각해서 열심히 하고 싶은데요. 맘대로 되지 않습니다.

  선생님분들 정말 정말 감사드리고 고맙습니다.

양영식의 기록

양영식

　어느덧 내 나이 환갑이네. 세월은 어느새 나를 멀리 보내 버렸네. 어릴 적 어려운 가정 형편에 초등학교 졸업 후에 한 푼이라도 벌어야 하는 입장이 되니 중학교가 가고 싶어 무던히도 애썼던 기억이 난다. 친구들이 교복 입고 학교 가는 모습을 많이도 부러워했었는데 그 후 배움의 길은 뒤로하고 직업전선에서 일하느라 잊고 살았었다. 그래도 항상 마음 한구석에는 배우고 싶다는 생각을 늘 품고 살았었다. 세월은 흘러 내 나이 육십이 넘어 이제는 정신도 깜빡깜빡하며 세월을 보내는 중에 어느 날 친구를 만나러 가는데 우연히 2호선 전철 안에서 발견한 오뚜기학교. 일요일만 수업하며 배울 수 있는 곳이란다. 얼른 전화번호를 핸드폰에 찍어서 집에 오자마자 전화를 했다. 두근거리는 마음과 이 나이에 하는 두려움을 안고 있는 날 반갑게 받아주는 목소리. 일요일에 오시면 바로 수업을 들을 수 있다고...

　정말 너무너무 기뻤다. 한편으로는 두려움도 있었지만 그래 이제라도 해보자 하고 일요일에 가서 선생님과 면담 후 중학과정 디딤반 수업에 참석해보기로 하고 교실에 가니 나와 같이 나이 든 친구들이 많았다.

　그 날은 시험 보는 날이었다. 앉아서 시험지 받아서 아는 대로 썼다. 후후후 아는 것이라고는 없어도 눈치로 찍고 상식적인 것은 아는 대로 썼다. 모르는 것은 백지상태로 하고 이제라도 배울 수 있다는 것이 얼마나 행복한지...

　돌아서면 잊어버려도 열심히 배우련다. 아들 딸 같은 선생님들 봉사정신으로 교재도 정성껏 만들어서 알아듣기 쉽게 가르치신다. 몰라서 당황하면 무안할까봐 괜찮다며, 당연하죠 모르시는 게 하며 격려해준다. 어쩜 이렇게 열심히 가르쳐주는지 깜빡깜빡하는 엄마들 머릿속에 한 자라도 입력시키려 노력하는 선생님들의 열성에 힘입어 열심히 재미있게 배우고 있답니다. 2년 만에 중학교 검정고시 패스 고등학교 검정고시 패스했다는 친구들 보며 나도 열심히 해봐야지 하며 일요일을 기다린답니다.

오대형의 기록

오대형

내 나이 64세. 이른 아침 가방을 메고 집을 나선다. 휙휙 지나가는 지하철에서 주마등처럼 지나버린 인생을 잠시 생각해본다. 참 좋은 인생이었다. 나는 행운아일지도 모른다.

아침에 눈뜨면 출근할 직장이 있고, 늘 내 건강에 힘쓰며, 맛있는 음식을 해주고, 언제나 신경을 써주는 아내가 있어 고맙고 감사하다.

내 꿈의 주머니를 반 이상 채워주는 사랑하는 작가 딸이 있어 고맙고, 몸과 정신이 건강한 내 아들은 세상의 아프고 슬픈 장애아동들을 가르치는 데 온 정성을 쏟는다.

'善業(선업)을 짓는다. 우리 아들이…'

비가 오나 눈이 오나 가족을 편히 쉬게 하는 집이 있어 고맙고, 언제나 가고 싶은 곳으로 여행을 할 수 있는 건강이 있어 고맙다. 우리 부부 늙어 머리에 하얀 서리가 내려도 생활비 걱정 없는 노후 생활이 보장되니 고맙고 감사하다. 더욱이 죄를 짓지 않았기에 쫓길 일 없으니, 그것 또한 감사하지 아니한가. 모두에게 고맙다.

외환위기 시절 약 10억이 넘는 부도를 맞았다. 너무나 괴롭고 힘든 나날들... 주체할 수 없는 고통의 연속. 눈을 감아도 눈을 떠도 캄캄한 끝이 보이지 않는 어둠의 나날들...

무작정 배낭을 메고 북한산에 올랐다. 배낭 속에는 소주병과 마른 김 한 통. 정상에 올라 단숨에 마시고 이 고통을 끝내려했다. 펑펑 사자처럼 울음을 토했다. 가슴이 너무 아파서 저기 낭떠러지에서 새처럼 훨훨 날아가면 이 질곡의 굴레에서 벗어날 수 있을까 하는 극단적인 생각도 했다.

그러나 나에겐 책임져야 할 내 가족들, 나만 믿고 따라와 준 우리 회사 직원들... 그 눈들을 나는 차마 버리질 못했다. 다시 생각했다. 아~ 어릴 적 떠나왔던 서울! 절대 지지 않겠다고 수없이 맹세하지 않았던가. 이 모든 물질들은 내가 잠시 소유했을 뿐... 나와는 인연이 없는 것이란 걸 깨닫기까지는 참 많은 세월이 걸려야 했다.

이 또한 지나가리라.

뒤돌아보면 한 움큼도 안 되는 세월인데 무엇을 얻으려고 이렇게 헉헉 거리며 살았는지 피식 웃음이 난다. 가슴 깊숙한 곳에 자리 잡은 부처가 웃는다. 요즘은 참 즐겁다.

육십 고개를 훌쩍 넘어 "선생님"이라 부를 곳이 있으니 이 또한 즐겁고 고맙다. 다정한 학우가 있어 고맙다. 하나하나 알아가는 것도 더 없이 고맙다. 이제야 온전히 나를 만나니 참 고맙다.

예쁘고 예쁜 선생님들은 마치 아침 이슬에 젖은 난 잎처럼 고웁다. 난 선생님들을 볼 때면 늘 향내음이 나는 것 같다. 나를 잠시 내려놓고 재능기부를 하는 선생님들. 저 머언 곳에서 나부껴오는 참 좋은 향기로움. 썩은 생선을 싼 종이엔 악취가 나고, 꽃을 싼 종이엔 향기로움이 묻어나듯이 선생님들 존경하고 사랑합니다.

읽어주신 학우님들 감사하고 늘 건강하고 소원 성취하세요.

도전, 나의 꿈

황순복

　가을 하늘을 보면서 나의 마음은 참 좋으면서 쓸쓸하다.
　한 해가 가는 아쉬움, 벌써 하는 마음. 왠지 그 무엇을 두고 가는 마음.
　다시 한번 다짐하면서도 오늘을 또 간다. 이렇게 세월은 흐르고 있잖은가.
　항상 다짐하고 돌아보아도 참 잘 안 된다, 어려워라. 어렵고 힘들어도 열심히 공부도 하고 재미있는 추억을 많이 쌓아야겠다.
　하면 할수록 어렵다고 생각이 들지만 마음이 흐뭇하다.
　일요일이 되면 학교 오는 게 나의 기쁨. 공부를 하는 모습은 부족하지만 아는 것이 힘이다. 자신감도 생기고 더욱더 열심히 해야지. 말로만 할 것이 아니고 실천해야지. 꼭 실천하도록 해보자. 나이를 먹으니 모든 게 아쉽고 열심히 하려고 노력해야지.

나 자신을 사랑하면서 이웃도 사랑하게, 모든 것에 감사하게 삶을 살자.

정말로 오뚜기 일요학교 선생님들께 감사합니다.

나를 배우게 해주셔서 또 감사합니다.

아름다운 인연

최순영

가끔 생각해본다. 2년 전 여름 퇴근길, 지하철 출입구 꼭대기에 작은 광고란에 나의 시선이 가지 않았더라면, 또 봤다 한들 그냥 무심코 흘려 지나쳐버렸다면. 그랬더라면 오늘 이렇게 귀하고 아름다운 인연을 만들지 못했으리라.

나는 가끔 그 때를 회상해본다. 광고 문구를 본 순간 그때부터 나는 가슴이 마구 뛰기 시작했다. 나를 위한 누군가의 선물인 것만 같았다. 오뚜기에 입학하지 않았더라면 나는 지금 어떤 꿈을 꾸고 있을까? 아마도 재미없이 무료하게 그냥 그렇게 살고 있진 않을까?

일주일에 단 하루이지만 좋은 언니들과 함께 마치 18살 여고생으로 돌아간 듯 재잘대며, 언니들의 삶의 지혜도 배워가며 하루를 보내는 것이 진정 행복한 일이 아닐 수 없다.

물론 멋지고 마음씨 고우신 선생님과의 만남은 말할 것도 없이 고맙고 감사하고 귀한 인연이다.

세상 어디에 이처럼 아름다운 인연이 또 있을까?

오뚜기 여러분! 일점의 가식 없이 순전한 마음으로 사랑합니다.

22년 5월 어느 날

양민희

　글을 쓰려하니 나의 젊은 날이 주마등처럼 스쳐 지나간다.
　지겹도록 가난했던 유년시절. 13살 초등학교를 졸업하고 그해 여름 아버지 손에 이끌리어 읍사무소에 취직했다. 청소하고 잔심부름하던 그 시절 책상에 앉아 펜을 들고 일하는 공무원들을 보면서 나도 꼭 공부해서 공무원이 되리라고 다짐을 했다.
　하지만 생각뿐 그냥 세월은 흘렀고, 가난이 싫어서 결혼도 일찍 했다.
　그렇게 세월이 흐르고 내 나이 환갑을 넘어 수능시험을 보았으니 이 얼마나 감개무량인가.
　엄마 병간호를 3년째 다니던 1호선 전철 안 우연히 포스터 문구 하나를 보게 된다. 오뚜기 일요학교……. 무상교육……? 반신반의하면서 혹시? 인신매매단??? 의

심을 하면서도 휴대폰을 들어 통화를 했다. 교장선생님과 통화 후 도전하기로 결심을 하고 병원에 계신 엄마에게 말씀을 드렸다.

엄마, 나 학교에 다닐 거야. 엄마가 가르치지 못한 거 이제 내 스스로 해볼래요. 그래서 앞으로 일요일에는 엄마한테 못 와요. 부탁도 아닌 호소도 아닌 억양으로 아픈 엄마에게 말씀을 드렸다. 다행히도 그 후로 엄마는 호전이 되어 보였다. 22년 겨울, 김장을 하던 날도 김장 하다 말고 남편한테 부탁하여 새벽부터 학교에 갔고, 충청도 지방으로 캠핑을 가도 남편한테 부탁하여 새벽 같이 출발, 학교 등교를 하였다.

나의 노력에 대한 보답일까? 선물일까?

별 탈 없이 2023년 봄이 되었고, 한 번의 결석도 없이 중학교 검정고시를 접수하고 시험 준비를 하던 어느 날, 갑자기 엄마가 심정지가 와서 중환자실에 입원.

일하다가 연락받고 마지막 모습이라고 면회 오란다. 급하게 평택으로 내려갔고 면회를 하였다. 시험날짜가 바로 내일모레인데……. 어쩌지? 난 마음속으로 불효를 저지르고 있었다. 엄마. 조금만 기다렸다가 나 시험보고 나면 가셔. 라고 속으로 몇 번을 얘기하고 또 얘기하였다. 시험 당일 무슨 정신으로 시험을 봤는지도 모르고 학교 밖으로 나와 동생한테 전화 먼저 했다. 아무 일도 없다. 그냥 인공호흡기 제거하고 일반 입원실에서 힘들게 죽음과 싸우고 계신다고.

그렇게 힘들게 중학교 합격, 고등학교 시험 준비하고 여전히 직장과 엄마 병간호를 하면서 도전하였다. 2023년 8월, 비가 몹시 내리던 어느 날 무사히 시험 치르고 합격하였다. 11월에는 수능시험에도 응시하고 내년에는 대학교 입학예정이다.

환갑을 넘어 시작한 공부. 끝까지 해서 사회에 나가서 힘없고 어려운 이웃에게 보탬이 되는 삶을 살고 싶다.

엄마는 지금 요양원에 계신다. 나의 꿈을 지지해 주신다고, 딸 대학 졸업 때까지 요양원에 계시겠다고 저보고 열심히 하라고 응원해 주신다, 이 모든 게 오뚜기 일요학교 교장선생님을 비롯하여 선생님들 덕분입니다. 감사합니다. 고맙습니다.

이 모든 것에 감사드리고, 또한 새롭게 도전하시는 분들께 진심으로 응원합니다. 늦은 것이 아니고 이제 시작입니다. 인생은 60부터……. 파이팅.

공부의 열정

유금선

여느 해보다 매서운 추위로 가득했던 2017년 12월 10일 남들은 연말이라서 설레지만 저는 47년 만에 학교에 간다는 것이 설렘과 기대로 가득찼습니다. 오뚜기 일요학교 입학을 하고 기초단계를 오르듯이 틈틈이 좋은 책도 읽고 나름 문제풀이도 하고 있지만 마음대로 안 되더군요.

월요일부터 토요일까지 근무하고 퇴근해 집에 오면, 밤 10시입니다. 그래도 하루도 빠짐없이 집에 오면 공부한다고 책상에 엎드려 보았습니다. 헌데 기초가 너무 없어 막막하고 아무런 생각도 떠오르지 않아 어떻게 풀어야 하나 고민하고 집에 식구들 도움도 받기도 하였습니다. 오뚜기학교 선배, 친구들, 유튜브에서도 도움을 받았지요. 그래도 수학은 여전히 정말 힘듭니다. 아무리 해도 이해가 가질 않아요. 수학 선생님, 어떻게 하면 좋을까요.

　공자는 아는 것을 안다고 하고 모르는 것은 모른다고 솔직하게 말하는 것이 진실로 아는 것이라고 했습니다. 모르는 것은 비록 자기보다 나이가 어린 사람에게도 물어 배우는 것이 배우는 사람의 올바른 태도이며 지켜야 할 도리이다, 배운다는 것은 기쁨이고 자기의 인격을 완성하며 자연의 법칙을 깨우치는 것이라고 말한 것도 기억에 남습니다. 풍부한 학식과 훌륭한 재능을 가진 지혜로운 오뚜기 선생님들의 수고가 헛되이 되지 않도록 열심히 노력하는 모습 보여드리겠습니다.

　이제는 조금씩 창문 틈새로 선선한 바람이 부는 듯 가을이 성큼 다가오고 있네요. 선생님 감사합니다. 오뚜기 학생 여러분, 함께 있어 행복합니다.

꿈과 희망의 학교

최은경

　항상 꿈꾸면서 살았지만 나에게 시간이란 주어지지 않았다.
　인생에 60이란 숫자에 마음 허전하고 텅 빈 마음 들기 시작하였다. 내가 살고 있는 평촌 학원가를 매일같이 학생들이 통학버스 타고 학원을 오고가는 모습은, 나에게 꿈을 갖게 했다. 조그만 나의 샵에서 중등검정고시를 독학하고 고등검정고시를 독학했고, 일요일 휴무일에 산으로 들로 놀러 다녔으나 그래도 허전했다.
　나도 학창시절이 갖고 싶어서 네이버 검색으로 열심히 찾았다. 혹시 일요일에 배움이 있을까? 그런데 오뚜기 학교가 있었다.
　눈뜨고 가슴 설레는 마음으로 전화했다. 교장 선생님이 자세히 오는 길을 설명해주셨다. 모든 선생님과 학우님이 함께 재미있고, 나는 즐거움 마음으로 오게 된다.

오뚜기를 만났다

박순이

  나는 오뚜기를 만났다 중고등 학교였다 이제 나도 중학생이다 학교에 와 보니 과목마다 선생님들이 계셨다 집에서는 아들 딸 같은 선생님이다 학생들도 가족처럼 행복해 보인다 하지만 나는 모든 공부가 힘들었다 기초가 없어서였다 가장 힘든 과목이 영어였다 한글도 아직은 읽기가 어렵다 하지만 꼭 공부는 하고 싶었다 주부가 집안일하며 직장일하며 주일날만 중고등 공부를 하려면 힘들겠지
  순이야 괜찮아
  너는 항상 배우고 싶었잖니
  나는 해보자 해보자 하며 열심히 배운다 하지만 검정고시 시험 때면 결과가 안 좋았다 그래도 나는 오뚜기에 오래 다니면서 끝까지 공부 해 보고 싶다
  우리 박상규 선생님처럼 나도 오뚜기의 큰 일꾼이 되고 싶다

박순이의 일기

박순이

　나는 오늘 공부하고 싶었던 공부를 하고 있다
　세상에서 정말로 해 보고 싶었던 공부를 할 수 있게 되었다
　항상 이 세상에는 나란 사람만 글을 모른다는 생각만 하면서 살아왔다 하지만 아니다
　한글을 배우려고 학원 앞을 참 많이도 가 보았다
　아니 저 학원문을 어떻게 열고 가야 하지
　나는 너무 창피했다
　그리고 3년이 흐르고 나는 학원 문을 열고 들어갔다
　하지만 배우고 있는 학생은 정말로 많았다
　그래 해 보자
　이제는 나도 이 세상을 보고 살 수 있다
　글을 몰라서 길 간판도 읽지 못했던 나다
　한글을 배우면서 가나다라로 글을 만들면서 정말로

행복했다

　아이들처럼 길 가면서 간판들을 보고 읽을 수 있다는 것이 무척 행복했다

　이젠 지식과 정보를 얻을 수 있다

나는 주일이 좋다

박순이

오늘은 일요일을 기다리게 하는 밤
왜냐고
공부한다고 생각하니 밤이 매우 길다
내 나이 40이지만 "나도 이젠 학생이다" 하며 소리라도 치고 싶다
기역 니은을 배우면서도 이렇게 행복할까
어려서 공부했던 사람은 이 마음을 모르겠지 아니 이해가 안 되겠지…….
하지만 큰 소리로 외치고 싶다
사랑하는 남편을 만나 공부할 수 있는 게 나는 좋다
남편이 버스를 타고 오며 가며 광고를 보았다고 했다 어디에 가면 한글 공부하는 곳이 있다고 해주었다. 나는 한글을 읽을 수 없으니 광고를 봐도 알 수가 없었다

오뚜기에 처음 오던 날

홍경옥

오뚜기에 처음 올 때가 생각난다.

나의 직업은 음식을 만드는 조리사다. 항상 마음 한쪽에는 기가 죽어 살아 왔다. 음식을 만들면서 행여나 영어단어가 나오는 레시피가 나오면 어쩌나. 늘 불안의 연속이었다. 학원에 가서 영어라도 좀 배워볼까 혼자 공부를 해볼까 한참 고민 중에 지하철 2호선을 타고 그날도 출근길이었다. 그런데 일요일에는 늦잠 자는 날이 아니라는 문구가 내 눈을 확 사로잡았다.

순간 여기다. 내가 가야 할 곳이.

하지만 용기가 나지 않았다. 며칠을 미루고 용기를 냈다. 전날 밤잠을 설쳤고 머릿속에는 생각이 많았다. 안된다고 하면 어쩌나 그날 아침에도 망설였었다. 용기를 내서 지하철을 타고 오뚜기에 도착해서 민주 선생님과 면담을 하고 디딤반에 들어서는 순간 참 잘 왔다는 생각을 했다. 모든 언니들이 환영해 주었고 난 다시 왠지 모를 자신감이 생겼다. 모든 선생님들의 가르침 속에 부족하지만 중학교 졸업장을 안겨 주었다.

이제 나에겐 커다란 꿈이 하나 생겼다. 고검을 합격하고 대학생이 되어 보는 거다. 생각만으로 가슴이 벅차다. 그래서 일요일만 되면 오뚜기 일요학교에 나온다. 매주 일요일이 기다려지고 즐겁다. 오늘도 열심히 배워 나의 꿈을 향해 달린다.

비록 머리가 안돼서 따라가기 힘들지만 오늘도 열심히 배우리라 생각한다.

선생님, 감사합니다. 나에게 용기를 주어서.

열심히, 정말 열심히 배우겠습니다. 고맙습니다.

등교

유금선

  2017년 12월 셋째주 일요일이었다.
  오뚜기 일요학교에 첫 수업을 가던 날에 하얀 눈이 소복소복 내려 발목까지 눈이 덮일 정도였다. 새벽에 전철을 타고 1시간 동안 와서 영등포역 뒤편에 마을버스 타는 곳으로 향했다. 그곳에는 60대 성인여성이 있었다. 직관적 느낌으로 알 수 있었다. 오뚜기 학교에 가시는 분이라는 것을. 그분은 영란 언니였다. 영란 언니와 학교에 도착하였는데 내가 상상한 것과는 너무나도 차이가 있었다. 나는 학교에는 운동장이 있고 교무실이 있는 일반적인 학교라 기대하며 갔는데 나의 기대와는 다른 환경에 조금은 실망하기도 하였다. 그러나 그런 생각도 잠시뿐이었다. 추운날씨에도 사무실 안에는 20대 청년들이 옹기종기 책상에 앉아 수업 준비에 분주한 모습에 감동을 하고 공부를 열심히 하여야 하겠다고 동기부여를 받았다.

  나는 베이비붐 세대이다. 전쟁 직후라 집안 사정이 여유롭지 않아 인간의 첫 번째 단계인 생리적 욕구, 먹고 사는 생활이 우선이라 공부는 점점 멀어져만 갔다.

  성인이 되면서 어느 정도 생활이 안정되어 공부하고 싶은 욕구가 생겨 도전, 하지만 직장과 공부 어느 한쪽을 포기해야 하는 고민중에 있는데, 2017년 12월 3호선 전철 안에서 오뚜기 학교 광고를 보는 순간 가슴이 벅차올랐다. 직장과 공부 어느 한쪽 포기 하지 않고도 공부를 할 수 있는 기회가 되었기 때문에 커다란 힘이 되었다.

  오뚜기 학교 선생님께서는 교육적 안목과, 실천능력을 갖춘 높은 지식으로 학생들에게 매주 주입식 교육을 반복해서 수업을 해주셔서 조금씩 머릿속에 저축이 되어서 좋았다. 또한 선생님들께서는 더운 여름에는 학생분들이 더울까 싶어 선풍기를 이리저리 돌리시고, 본인은 땀을 뻘뻘 흘리시고 수업을 열정적으로 하시고, 겨울에는 석유통을 들고 주유소를 다니시는 모습에 가슴 깊이 감사하는 마음이 들었다. 선생님, 여러분의 배려와 체계적인 교육을 통하여 저희들은 소중한 꿈을 실현할 수 있었습니다.

앞으로 하고 싶은 일은 테이핑 평생교육사가 되기 위해 계획을 세우고 실천을 하며 경험하고 노력하며 점차적으로 전문가가 되어 봉사활동을 하며 성공한 선배시민으로서 끊임없이 공동체에 참여하고 활동하며 학습하고 소통하며 풍부한 지성 있는 선배시민으로서 활동할 것이다.

오뚝기 일요학교가 소소한 즐거움

송정희

좋은 일이 생길 것만 같은 계절, 9월. 길동무에게 오뚝기 학교라는 곳이 있다는 것을 듣게 되었답니다. 오뚝기 일요학교가 소중한 저의 일상의 한 부분이 되었고, 늦었다고 생각하여 포기했던 공부를 통하여 이렇게 다시 행복한 일상을 누리고 있음에 감사할 뿐입니다.

학교에 첫 걸음을 시작하고, 적응하느라 힘든 시간도 있었지만…….

지금은 한 과목, 한 과목 소중한 수업과 선생님과 선배님, 그리고 학우님들의 친절과 배려에 감사한 마음으로 열심히 공부를 할 수 있게 되었습니다.

혼자서 공부했던 때와 달리 학교 분위기도 너무 좋고 서로 수업내용, 공부 방법 등 다양한 정보도 나누며 어울릴 수 있게 되어 일주일에 한 번이지만 학교생활이 너무 즐겁고 행복합니다.

이번 기회를 빌려 오뚜기 학교와 선생님과 선배님, 그리고 학우님.

마음 담아 감사 인사를 전해 봅니다.

항상 고맙고 감사합니다.

오뚜기에 오던 날

송형숙

내 평생 소원인 배움. 그 터전 오뚜기 일요학교에 발을 디디던 날. 학구열에 불타는 중년의 학생들.

그리고 그 모름의 굴레를 벗겨 앎으로 인도하려는 열정적인 선생님들.

이런 곳이 있다는 사실에 딴 세상에 온 듯한 기분이었다. 나에게도 배움의 기회가 왔다는 현실에 너무나 감사하고 하루하루를 더 열심히 살아야겠다는 새로운 각오가 생겼다.

최고령의 나이라 하지만 숫자가 무슨 소용이겠는가?

배우고자 하는 학구열 앞에서는 숫자는 비켜 갈 것이다.

아직까지 결석 한번 안 했고, 앞으로도 될 수 있으면 꼭 출석하리라 다짐해 본다.

없음에서 있음을 창조하는 우리 오뚜기 학교.

나의 인생의 길라잡이가 되어준 우리 학교.
삶의 즐거움을 가르쳐준 이곳, 영원히 사랑하리라.

학교에 처음 등교한 날

김경실

사실 몇 월 며칠인지 뚜렷한 기억은 없다.

처음 오기로 마음먹은 날 인터넷에 나와 있는 학교 전화번호로 여러 번 걸었지만, 코로나 때문인지 학교로 통화는 연결되지 않아서, 작은 딸에게 통화가 되지 않는다고 얘기하며, 또 학업을 하기로 한 마음을 접어야 하나 보다 하고 얘기했더니, 휴대폰으로 찾아보더니 교장선생님의 전화번호를 찾아서 가르쳐주길래, 자식한테 뱉은 말도 있고 해서 다음날 전화를 걸어 통화가 되었다.

"배운 지 오래되었고. 기초부터 저는 배워야 하는데 가능할까요"

하고 여쭸더니, 흔쾌히 "가능하니 학교로 나오시라"고 얘기하시길래,

"다음 주부터 갈게요"라고 얘기했더니. 교장 선생님 말씀이 "흔히들 다음 주부터 가겠습니다, 라고 얘기하

는데 왜 다음 주냐 이번 주부터 오세요"라고 조금 단호히 얘기하셔서. 얼떨결에 간다고 약속했는데.

창피하지만 그날 사실 늦잠을 자서 집에서 시간을 보내고 있었는데 교장 선생님의 전화가 걸려 와서 "지금이라도 오세요"라고 강하게 말씀하셔서 얼떨결에 "지금요?" 하고 "네 알겠습니다"라고 통화를 끝낸 뒤 바로 준비하고 버스를 타고 학교 오는 내내 가슴이 마음이 설레고 두근거리고, 걱정도 되고. 여러 가지의 미묘한 감정들이 뒤섞여 처음 등교를 했습니다.

그리고, 그 감정이 지금도 학교 오는 내내 같이 공존하고 있습니다.

첫 등교하는 날

이용성

첫 등교 날, 학교를 향해 걷는 내 마음은 두려움 반 설렘 반이었다.

교차되는 두 마음을 뒤로 한 채 학교에 도착하였고 곧바로 선생님들과의 면담이 진행되었다. 걱정과는 달리 친절하고 따뜻하게 맞아주시는 선생님 덕에 긴장되던 마음이 점차 진정되는 것을 느꼈고 나는 곧 디딤반에 배치되었다.

문을 열고 반을 향해 발을 디뎠을 때 나를 반갑게 맞아주는 학생들의 미소에 어느새 두려움으로 뛰던 마음이 설렘과 기대감으로 벅차오르는 것을 느꼈다. 수업이 시작되었고 오랜만의 수업은 낯설고 어색했지만 오랜만의 배움은 반복되던 일상에 한 희망이 되어주는 것 같았다.

같은 마음을 품고 있을 것 같은 학생들의 열정적인 모

습을 보고 나는 결심했다.
 나의 꿈을 실천하기 위해서 절대로 포기하지 않고 목표를 꼭 이루리라. 다짐하고 또 다짐해본다.

희망의 담쟁이덩굴

표말순

60이 지나고 70 하고도 2살이 되니 내 인생이 너무나 허무해서 나는 무엇을 했나, 누구를 위하여 살았나, 무엇을 하기 위해 살았나, 아무것도 한 게 없다. 허무한 마음이 가을과 겨울을 지나는 사이에 나를 더 힘들게 한다.

그런데 예쁘게 벽돌 담장에 걸려 있는 담쟁이덩굴을 보며 내 마음을 달래 본다. '그래, 이 세상에서 제일 힘들게 살고 있구나.'하는 생각을 해본다. 그래, 너는 누구를 위하여 그 딱딱한 벽돌담에 흙 한줌 없는 담장 위에, 기와지붕에 뿌리를 내리고 무더운 삼복더위에도 물 한 방울 주지 않아도 시들지 않고 모든 사람에게 눈을 시원하게 해주고 있는지.

그러다가 가을이 되면 그렇게 예쁜 색깔을 하고 우리의 눈을 즐겁게 한다. 나도 너처럼 누구를 즐겁게 할 수 있다면 하고 생각해 본다.

희망을 줄 수 있는 담쟁이덩굴, 나도 너를 보며 희망의 노래를 부르고 싶다.

넝쿨장미

허은

오월의 여왕은 장미라고 한다.

눈이 부실 만큼 화려함과 향기는 모든 사람들을 유혹한다. 그러므로 나는 장미를 너무 좋아했다. 어릴 적 이웃집 울타리에 넝쿨장미가 피어 너무나 그 집을 부러워하자, 아버지는 옆집에서 넝쿨장미 서너 가지를 얻어다가 우리 집 울타리에 심어주셨다. 그 장미는 해마다 조금씩 조금씩 수가 불어나 울타리를 가득 채웠다.

난 그 장미를 한 아름 꺾어 책상에 놓아두고 장미와 아름다운 꿈을 꾸곤 했다. 이상적인 미래에 나의 꿈과 동심들이 장미와 함께 성장해가던 어느 해, 그 집이 너무 낡아 헐어버리고 새집으로 이사한 집은 장미가 없었다. 울타리가 아닌 벽돌 담장이었던 것이다.

그리고 세월이 흘러 어느덧 육십의 나이에 들었다. 지금은 그토록 그리워하던 넝쿨장미가 아파트 울타리에 가득 피어 나를 반긴다. 장미가 있는 아파트로 이사를 온 것이다. 오뚜기 학교에 가려고 아침에 장문을 나서면 "안녕" 하며 환하게 웃어주는 장미가 나를 행복하게 해준다. 어릴 적 추억과 함께 이제는 불혹인 나이에 맞는 꿈을 꾸어 나가고 싶다.

  건강한 정신과, 건강한 몸과, 건강한 생활을 하면서, 넝쿨장미와 함께 행복한 꿈을 키우면서 남은 인생을 힘차게 멋지게 살아보기로 다짐한다. "오뚜기" 핫팅!!!

무제

김정례

   나는 어려서 공부를 못해서 내일모레면 70이 되는데 그동안 마음속에 한을 풀고 싶어서 공부를 하려고 나왔는데, 공부가 너무 힘든 것 같아서 요즘은 고민하고 내가 끝까지 할 수가 있을까 걱정도 되고 여러 가지 머리가 아프다.
   하지만 내가 글씨를 쓸 수 있어서 감사합니다.

나의 소망 예쁜 글씨

홍경옥

나는 매 순간마다 어디에서든 글씨를 쓰려면 참 창피했다. 나 나름 열심히 메모도 해보고 여러 번 글씨도 써 보지만 참 늘지 않는 게 글씨구나 생각하면서…

그 옛날에 '차 한 잔의 명상'이라는 조그만 포켓책을 사서 시간 날 때마다 읽어보고 또 읽었다. 그러면서 어느 날 그 책을 읽다가 문득 맘에 와 닿는 글이 있었다.

이 슬로건이나 글을 접하면서 아, 나도 버티면 되겠구나, 하면서 매일 이 책을 한 페이지씩 쓰기로 결심했다. 벌써 6개월이 지났다.

그런데 지금 글씨를 보면 많이 예뻐진 것 같다. 한 줄 정도는 머리 속에 넣고 안 보고 쓸 정도가 됐다.

나는 〈버텨라〉 이 말을 가끔 쓰면서 계속 글씨 연습을 할 것이다.

〈버텨라〉

끈질긴 인내보다 훌륭한 것은 없다. 재능만으로는 안 된다. 재능이 있으면서 성공하지 못하는 사람은 얼마든지 있다. 천재는 보답 받지 못한다는 말처럼 천재인 것만으로는 되질 않는다. 또 교육만으로도 되는 것이 아니다. 교양 있는 낙오자는 빗자루로 쓸 정도로 널려 있다. 어떤 것이든 이기는 것은 오직 끈기와 결단력뿐이다.

이제까지 인류의 여러 가지 문제를 해결해왔으며 앞으로도 해결해나갈 것이다. -캘빈 쿨리지-

또 다른 세상 속으로

박재우

　우연한 기회에 오뚜기 일요학교를 알게 되었다. 이제 겨우 세 번 학교에 다녀왔는데 거기에는 또 다른 세상이 펼쳐지고 있었다. 나의 아들, 딸과 같은 또래의 선생님들이 부모님 같은 어른들을 가르치는 조그만 학교였다. 비록 학교는 조그마하지만 가르치는 선생님들의 열정은 넘치고 배우려는 학생들의 눈망울은 초롱초롱 빛이 나는 아름다운 그곳, 그 세상 속으로 나도 빠져 들었다.

　많이 배워 아는 것보다 배우지 못해 부족한 것을 먼저 보아주고 이해하며 항상 웃음과 미소로 가르치는 선생님들이 미소 짓고 웃을 때마다 드러나는 하이얀 이 천장의 형광등 불빛에 부딪쳐 빛날 때는 값진 어느 보석보다도 눈이 부시도록 아름다운 웃음과 미소가 있었다.

　그 용기의 힘과 아름다운 사랑에 마음을 가진 선생님들에게 큰 박수를 보내 드리고 싶다. 그리고 이 아름다운 세상 속에서 오뚜기 일요학교 선생님과 학생 여러분 모두와 오래오래 같이 하고 싶다.

시작

황순희

  좀 더 일찍이었으면 하는 아쉬움이 있습니다. 2017년의 반을 나누고 있는 이 시점이요. 인생의 반을 훌쩍 넘긴 진갑을 눈앞에 두고 있고 이제 시작 선에 섰습니다. 온전히 나의 자아를 위해 살아보려고요.
  세월은 어느덧 앞으로만 내달려 어른이 되었는데 아직 많은 준비가 필요합니다. 가만히 한 자리에 앉아 책을 펴고 있는 것 또한 익숙지 않습니다.
  검정고시가 정말 옳은 방법인지 생각 중입니다. 오뚜기학교에 온 지가 4개월이 됩니다. 할 수만 있다면 제 공부를 모두 저울 위에 올려놓고 싶은 마음입니다.
  많이 늦었지만 시작이 반이라는 말처럼 순서 없이 내 것으로 만들어봐야겠습니다.

늘 시작은 그냥 해보자

신상섭

인생 갑자에 공부를 해보자 했다.
모든 게 힘들어도 참고
매일 조금씩 마음과 몸에게 다짐했다.
그냥 가보자 가보자
그렇게 지금 여기까지 왔다
그리고 지금도
매일 그러지 그리하지 그러지 뭐 하면서
지금 이 순간도 우보천리 걷는 마음으로
인생길을 걷고 있다.
늘 마음에 동행해 주는 분도 있고, 동지도 생겨서
마음은 늘 빠르게 가고 있다
천천히 가는 것도 좋을 성싶다
욕심 없이 그러지 그러지 그러지 뭐
앞으로도 네 마음에 상황에 따라 느끼고 바라고 부탁

한다
 찾아서 인생길을 걷고 싶다

이끌림

이용인

  2014년 8월 오뚜기를 처음 방문하던 날, 걱정 반 설렘 반에 가슴이 두근두근거렸다. 초등학교를 졸업하고는 공부하고 싶어도 가슴에 묻어두고 도전을 못하고 있었는데 우연찮게 오래 전에 오뚜기에서 선생님 하셨던 분들과 오뚜기를 방문하게 됐다. 와아~ 아직도 서울에 이런 곳이 있구나 하고 놀랐다. 열악한 환경 속에서 열과 성의를 다하셔서 가르쳐주시는 선생님, 하나라도 더 배우려고 열심히 수업을 듣고 있는 늦깎이 학생들을 지켜보게 됐다. 중도에 포기하게 될까 봐 망설였던 내 자신이 부끄러웠다.
  나도 열심히 해야겠다는 결심이 들어서 다음 주부터 하겠다고 말씀드리고 돌아왔다. 이렇게 오뚜기와 인연이 돼서 학창시절에 이루지 못한 공부를 하게 됐다. 오뚜기에 오는 하루하루가 너무너무 즐겁고 행복한 시간이었다. 봄소풍 가서 즐거운 시간 보내고 수학여행 가면 10대 소녀로 돌아간 듯 마냥 행복했다. 늦깎이 학생들이 열심히 공부하시는 모습도 아름답고 일요일을 완전히 오뚜기에 올인하셔서 친절하고 상냥하게 가르쳐주시는 우리 선생님들도 예쁘고 사랑스럽고 든든하다. 선생님들 너무너무 고맙고 감사한 마음 이루 말할 수 없다.

　이제는 졸업을 앞둔 즈음 정든 선생님과 학생 분들과 헤어져야 하니 아쉽고 서운한 마음에 속절없이 가는 세월이 아쉽기만 하다.

　열심히 가르쳐주신 선생님들 감사합니다. 고맙습니다. 사랑합니다. 오뚜기에 데려다주신 두 분 감사합니다. 고맙습니다.

8월의 마지막 일요일

채경숙

　마음 한구석에 항상 응어리였던 배움.
　그러나 선뜻 길을 찾지 못하고 세월이 흘러 나하고는 관계가 없는 이야기가 되어갈 무렵, 지인의 이야기를 듣고 나도 할 수 있을까 잠시 망설이다 설렘 반, 두려움 반, 오뚜기 학교 선배를 따라 입학을 했다.
　오는 날이 장날이라 했던가. 시험 보는 날 전과목을 백지로 냈다.
　내 자신에 대해 어이가 없어 웃음이 나왔다.
　순간 갈등이 생겼다. 오늘만 버티고 오지 말자라는 생각을 할 때, 선생님들과 선배님들이 용기를 갖게 격려를 해 주셨다. 오늘 학교에 오신 것만으로도 큰일을 하신 거라며, 말씀을 해주신 선생님. 모르니까 학교에 배우러 왔고, 차근차근 하나씩 배우면 된다면서 도닥거리며 응원을 해주신 선배님들.

어느덧 넉달이 되어가는 지금은 제 자신에게 칭찬을 합니다. 잘했다고.

조용히 학교의 길잡이를 하시는 교장 선생님.

우리를 위해 황금 같은 휴일을 반납하시고 웃음으로 열심히 가르치시는 선생님들.

일주일에 하루지만 만나면 반가운 선배님과 학우들.

일요일이 저에게는 정말 소중한 하루입니다.

모든 분들의 사랑과 고마움에 용기를 갖고 열심히 하겠습니다.

고맙고 감사하고 사랑합니다.

처음으로 가보는 길!

박재우

어려운 발걸음으로 설렘을 가득 안고 이곳에 다닌 지도 벌써 1년이라는 시간이 흘렀다. 한 번도 가보지 않은 길 처음으로 가보는 그길 가슴 속 어디인가에 남아 있는 듯한 작은 소망 하나 이루어 보고자 찾았던 그곳 아직도 피우지 못한 가슴속 작은 꽃망울 하나 늦게나마 피워보려고, 차가운 바람 맞으며 뛰기 시작한 그 길에 다시 또 찬바람이 나의 볼을 스치는 걸 보면 계절은 한 번씩 다 돌아 지나갔나보다.

그렇게 열심히 앞만 보고 뛰다 보니 생각지도 못했던 큰 선물이, 상상도 하지 못했던 큰 행복이 내 마음 속에 가득 가득히 채워지고 넘쳐나며 참으로 감사해야 할 일들이 너무도 많이 생겼다.

중학교 졸업학력 검정고시 합격이라는 선물은 작은 소망이 아닌 큰 소망의 선물이 되었고, 가슴 속의 작은 꽃망울은 행복과 희망이라는 꿈을 머금고 큰 꽃망울 되어 다시 태어나고 있다. 오늘에 이르기까지 한결같이 예쁘고 아름다운 마음을 지닌 고마우신 선생님들의 따뜻한 사랑과 격려였건만 아직 한 번도 선생님께 감사의 말을 전하지 못했다. 정말 고맙다고 정말 감사하다고 선생님 한분 한분 모든 분을 정말 좋아하고 사랑하고 존경한다고 이 말을 지면을 빌려 먼저 하게 된 것이 많이 죄송하고 미안한 마음은 오래도록 뇌리에 남아 가시질 않을 것 같다.

　그리고 언제나 변함없이 서로의 마음과 마음을 모아 큰 행복 즐거움 만들어 한 아름씩 나누어 주는 친구들, 일주일에 한번 만남이어서인지 기쁨에 웃음꽃은 하루 종일 교실을 떠나지 않고 나누는 정은 차곡차곡 쌓여만 간다. 얼마나 지났는지도 모르게 하루에 짧은 만남이 끝나고 헤어질 때는 무슨 아쉬움이 그리 많은지 서로 부둥켜안고 떨어질 줄 모르는 친구들 한 손으로는 모자라 두 손을 모두 들어 올려 흔들어 주는 친구들, 손에 손 마주 잡고 잘 가라고 건강하게 잘 지내고 다음 주에 꼭 보자, 하며 따뜻한 마음과 체온 나누는 친구들, 나에게는 감동으로 다가와 눈물이 난다.

세상은 그렇게 만만하지 않은데 현실과 타협하며 매 순간순간의 갈림길에서 각자 나름대로의 좋은 쪽을 택해 긍정적인 사고도 열심히도 살아가는 나의 예쁜 친구들, 이 세상을 아름답게 반짝반짝 비추어 주는 아주 귀한 보석과 같은 친구들, 준비하는 자에게 오는 기회가 우리 모두에게 올 거라는 믿음을 갖고 나는 내일 또 꿈과 희망이 있는 그곳, 사랑하는 선생님과 친구들을 만날 수 있는 그곳, 그 길을 따라 학교에 갈 것이다.

도전

박재우

　오늘도 지난주와 같이 글쓰기를 한다. 나에게 글쓰기란 너무 어렵게 느껴져 마음이 무섭고 두렵다. 선생님께서 주제도 정해주셨지만 어디서부터 어떻게 써야 될지 몰라 쩔쩔맨다. 이 무섭고 두려운 마음이 사라지기까지는 많은 시간을 보내야만 할 것 같다.

　내가 오뚜기학교에 처음 오면서 무언가 배워보자는 생각 그것만으로도, 이것은 도전이다. 이 시련이 다 극복되는 날, 그날이 언제가 될지 아직 희망은 멀리 있는 것 같다.

　참으로 안타까운 시간이 계속되는 가운데 그래도 무엇인가 생각하고 써보려는 마음이 한 발짝은 와 있는듯 하여 조금씩 두려움이 사라진다. 그리고 입가에 미소도 머금어진다.

　다음 글쓰기 시간에는 조금 더 나은 글을 쓸 수 있을

거라는 희망을 갖고 오늘 도전은 여기서 만족해야 될 것 같다.

배움의 터널

김영란

배움의 터널이 길었다. 어둡고 긴 터널을 헤매었다.
그 어둠이 무엇인지 몰랐기 때문에 잡아보려 애를 썼다.
그 안에서는 도무지 인생의 길도 배움의 길도 찾기가 힘들었다.
어둠의 터널에서 작은 빛을 보았을 때, 그 쪽을 향해 걸어갔다.
내가 알고 있던 그 모습일까? 아니면 그 이상일까? 내가 알고 있는 모습이든, 그 이상의 것이든 오늘 알게 되면, 다음 주일은 까먹었다. 필기를 하지 않으면 처음 듣는 것처럼 하얬다.
이를 어떻게 할 줄 몰라 고민이 많았다. 우리 모두는 많은 것을 해야만 했기에 기억이 나지 않았다. 그 기억을 찾으려고, 그 기억을 붙잡기 위해 부단히 노력했고 절망도 많이 했다.

그런들 어떠랴... 그게 인생인 것을.

세상은 노력한 만큼 얻는 것이라지만, 현실은 너무 냉혹하다.

억지로 하는 공부가 아닌, 즐기는 공부가 재미있다고 하니, 그렇게 공부를 하려고 한다.

그 어두운 터널 속에서 빛을 보았기에, 그 빛을 따라가다 보면 밝은 세상이 펼쳐질 것이다.

우리들의 중년들 파이팅! 모두들 사랑합니다.

선생님들 감사하고 사랑합니다.

내 마음의 빈병

김미한

언제부터인가 마음에 빈병이 굴러다닌다.
밥을 먹어도 채워지지 않고, 그 무엇으로도 채워지지 않는다.
덜그럭 덜그럭…
그 소리만 들으며 이유도 모른 채 육십 가까이를 살아왔다.
그러던 어느 날 딸이 일요 학교를 알려주며 가보자 하였다.
그곳이 바로 오뚜기학교였다.
학교를 와보니 내 마음의 빈병이 조금씩,
아주 조금씩 채워지는 것 같다.
그런데 공부가 너무 힘이 드는구나!

살찌우는 마음의 양식, 배움!

김송란

아침에 일어나 샤워 도중에 샤워기를 떨어뜨려서 망가져버렸다.

식구들이 샤워를 해야 하는데 걱정스러웠다.

그런데 막상 학교에서 공부를 할 때는 집의 일은 떠오르지 않았다. 왜냐하면 학교에서 공부하는 동안은 아무 생각 없이 행복했기 때문이다.

지금 이 시간이 다시 오지 않으므로 즐겁게 생각하자. 즐겁고 신나게 열공해서 좋은 성과를 내야겠다. 항상 긍정적으로 차분한 마음으로 하나하나 배워야겠다.

배움은 나의 양식이니까······

내가 공부하는 이유

김명숙

　이번 2021년은 오뚜기 일요학교를 만나 나에게 가장 행복하고 자랑스러운 한 해가 되었다. 이번에는 꼭 하고야 말겠다고 마음먹고 도전하여 공부를 했던 일이 너무 잘했다.
　육십 평생 즐겁고 행복한 일도 무수히 많았지만, 마음속에 감추어진 어두운 그림자가 세상을 향해 다 돌출돼 빛을 본 한 해가 되었다.
　얼굴이 못나서! 지혜가 없어서! 재주가 없어서가 아닌 무식함. 배움이 없어서 초등학교 이후 지금까지 답답하고 내 비추지 못했던 어둡고 아팠던 마음을 해소할 수 있어서 얼마나 행복했는지 모른다.
　내 인생 육십 평생 이루지 못했던 중졸 검정고시 시험을 합격하고 나서 얼마나 기뻤는지 혼자서 소리쳐 외쳤다.

김명숙! 늦게나마 결국은 해냈어 넌. 참 잘했다. 어느 누가 세계 올림픽에 나가서 금메달을 획득한 것보다도 더. 학업을 성취하게 된 것이 말로 표현할 수 없을 만큼 너무 기쁘다.

오뚜기 일요학교를 만나서 나에게 광명과 같은 빛을 주신 훌륭하신 교장선생님을 비롯하여 각 학과 담임선생님들께 너무 감사드립니다. 이 바쁜 세상에 소중한 휴일 금쪽같은 시간들을 내시어 우리들 같은 늦깎이 학생들에게 밝은 빛과 광명을 주시다니 너무나 고맙고 감사한 마음입니다.

2022년 새해에도 고등고시 도전하여 여태껏 이루지 못했던 학업의 꿈을 꼭 이루고 싶다. 그동안 쌓였던 마음속의 한을 풀고싶다.

지금까지 같이 공부했던 영란언니, 김직님, 숓헤아, 여러 학우님들 함께해주셔서 고맙고 감사하다. 그동안 이루지 못했던 꿈들을 꼭 이루었으면 좋겠습니다.

그리고 사랑하는 나의 가족 남편 아들 딸에게 너무 감사드린다. 가족들의 따뜻한 한마디. 너무 잘하셨어요. 정말 장하십니다 우리 엄마. 끝까지 도전해보세요. 따뜻한 응원의 말 한마디에 너무 고맙고 가슴이 찡하다.

마지막으로 오뚜기 일요학교 선생님들께 너무 감사드립니다. 항상 건강하시고 행복하시길 바랍니다.

오뚜기 일요학교 사랑합니다.

내가 공부하는 이유

이희숙

다른 사람들과 달리 유난히 자격지심 열등감으로 잠재되었어요.

늘 배움이란 꼭 가슴에 새기고 언젠가는 하리라고 생각했어요.

현재는 그냥 모든 것을 알고 싶고 알 때까지 공부를 하고 싶어요.

학교에 동창생도 생기고 동기들과 편안한 대화가 가장 좋습니다.

서로 배움에 부족함을 느끼고

여기 학교에서 서로 이야기하는 곳이 있다는 것에

마음에 짐이 하나씩 없어지는 것이

보약 먹은 것보다 더더욱 좋고 행복합니다.

감사합니다. 선생님.

내가 공부하는 이유

김직

답답한 세월 속에서
너무 모르고 산다는 것이
얼마나 아픈지……
다른 사람들이 하는 말을 잘 알아듣지 못해서
대화중에 끼어들 수가 없는 심정
남들은 모를 거야
아는 게 없어서 말을 할 수가 없어
많이 슬프다
좀 공부를 하면 어떨까 생각했는데
우연히 오뚜기를 만나 너무 좋았다
조금씩 알아가는 게
모르지만 좋다
눈을 뜨고 싶은데 눈을 뜨지 못해서
아쉬움은 있지만

조금씩 알아가는 것이 내 삶속에서 참 즐겁다
내가 공부하는 이유가 아닐까……

늦깎이 야학생이 공부하고 싶은 이유

이양순

저는 1952년생으로 그 시절에는 우리나라 경제 상황이 좋지 못해 겨우 초등학교는 들어갔지만 8남매 맏이다 보니 집안에 무슨 일이 있으면 학교에 못 가고, 우리 집에서는 바다에서 나오는 김을 했는데, 그 김이 손이 많이 가고 일이 많답니다.

그러다보니 중학교를 진학을 못했고 지금까지 가슴에 묻고 살았는데 1호선 지하철을 타고 가는데 눈에 번쩍 띄었지요.

항상 그리워하던 학교 너무 반가웠습니다.

요즘도 이런 좋은 분들이 계셨구나 하고 감동했습니다.

그런데 이 공부를 할 수 있을려나, 공부 안한지가 50년이 넘었는데 하고 용기를 내어 전화를 했더니 나오라고 하셔서 갔더니 저와 연배가 비슷한 분들이 많이 계셔서 반가웠고 따뜻하게 맞아주신 교장선생님과 과목 선생님들께 이제 감사의 말씀 드립니다.

기초 자체가 없는 저를 가르치면서 많이 힘드셨을 겁니다.

앞으로도 열심히 배우려고 노력하겠습니다.

우리가 배울 수 있게 후원해주시는 대선배님들에게도 감사드립니다.

모든 선생님들께 감사하며 살겠습니다.

오뚜기학교와 나의 꿈

이순자

오뚜기학교에 처음으로 왔을 때 너무나 설레고 좋았다. 처음엔 어색하고 도전을 괜히 했나 생각도 했다. 그러나 지금은 오기 전보다 훨씬 아는 것도 많아지고 두려웠던 마음이 점차 풀리어 어떤 희망도 가슴에 품게 되었다.

친절하게 하나라도 더 가르쳐주시려고 애쓰시는 선생님들, 나와 같은 처지에서 배우고자 하는 열망의 눈으로 공부하려고 애쓰는 학생들 모두 반갑고, 천사 같은 선생님 아래 공부하는 우리의 행복은 정해져 있는 거야, 친구들아.

글을 잘 쓰지 못하지만 이런 기회가 있어서 너무나 좋다. 사랑하는 선생님, 고맙습니다.

처음 학교에 오던 날처럼 마음을 먹은 것처럼 열심히 해야 하는데 지금은 공부가 마음먹은 것처럼 잘 안 된다. 어떻게 해야 할지 모르겠다. 선생님들이 열심히 가르쳐주시는데 내가 보답을 하지 못해서 너무나 죄송해요. 선생님, 다시 열심히 해보겠습니다. 선생님, 사랑합니다.

나의 오뚜기 일요학교

양영숙

내가 벌써 오뚜기에 온 지가 2년이 되었나 보다. 세월은 유수와도 같다더니 정말 참 빠르기도 하다. 벌써 2년이란 세월이 흘렀다.

나의 가슴 한 켠에는 항상 배움이란 빈자리가 웅크리고 있었다. 어느 누구에게도 말 못하고 벙어리 냉가슴 앓이 하며 살고 있던 나였다. 무엇이든 나에게 주어진 일은 열심히 하며 살았으니까 나름대로 열심히 살아왔다고 자부심도 갖는다.

하지만 아니었다. 배움이란 글자 무엇으로도 채울 수 없었다. 정말 배우고 싶었다. 그러던 어느 날 우연히 오뚜기를 알게 되었다. 아~ 이런 곳도 있구나 하고 정말 반갑고 좋았다.

그러나 용기가 나질 않았다. 망설이기를 8개월쯤 지나서 겨우 겨우 용기를 내어 오뚜기의 문을 두드렸다.

선생님들은 반갑게 맞아 주었다. 그 때부터 매주 일요일이 되면 열심히 학교에 나왔다. 금방 듣고 돌아서면 잊어버리고 때론 졸기도 하고 그러면서도 공부를 잘하든 못하든 난 열심히 학교에 다녔다. 내 자신을 위해서 무언가 하고 있다는 것이 난 행복했다. 그런 세월이 벌써 두 해가 지났다.

나이 먹은 학생들을 가르치시는 선생님들 참 많이도 힘들 텐데 인상 한번 찌푸리지 않고 항상 밝게 웃으며 가르치신다. 너무 감사하고 고맙기만 하다.

그런 선생님들 덕분에 난 그동안 고졸의 합격증도 받았다. 정말 좋았다. 정말 기뻤다. 배움 앞에만 서면 한없이 작아지기만 했던 내 자신이 이젠 조금이나마 자신감이란 것도 생긴 것 같다.

고졸 합격증을 받고 교육청 문을 나설 때 나도 모르게 가슴이 뭉클하며 눈시울이 붉어졌었다. 무언가 한을 푼 느낌 그런데 그것도 잠시 잠깐 누군가가 말했던 기억이 난다. 사람의 욕심은 끝이 없다고 지금 내가 그렇다. 욕심이 생긴다. 자꾸 자꾸 욕심이 생긴다. 고졸의 자격증을 얻고 나니 언감생심 어디라고 감히 내가, 내가 감히 그 높고 어렵다는 대학이란 문턱도 넘어 보고 싶은 욕심이 생긴다. 턱없이 부족하고 자격도 없지만 그래도 해보고 싶다. 가보고 싶다. 대학이란 곳. 너무 당치도 않는 야무진 꿈일까.

　이런 나의 욕심이, 나의 마음이 허무하게 끝날지도 모르지만 그래도 용기를 내서 꼭 해보고 싶다. 하지만 지금은 아직 오뚜기의 학생이다. 오뚜기에 와서 그동안 해보지 못한 것들을 다 해본다. 비록 나이는 먹었지만 마음만은 여느 학생들과 똑같이 학창시절을 보낸다. 봄 소풍 또 수학여행 이 모든 것들을 어떻게 할 수 있을까 이 모두가 다 항상 고마우신 선생님들 덕분이다.

　이 다음에 그 누군가가 나에게 내 일생에서 가장 잘한 일이 무어냐고 묻는다면 난 자신 있게 말할 수 있다. 내가 제일 잘한 일은 오뚜기를 알게 된 것이라고. 오뚜기의 학생이었고 지금도 훗날에도 난 언제까지나 오뚜기의 가족이라고 당당하게 말할 수 있다. 이름 그대로 우리는 오똑 오똑 오뚜기니까.

내가 만난 오뚜기

이현옥

제 마음 깊은 곳에 고이고이 간직해온 꿈이 하나 있었습니다. 그 꿈은 언젠가는 대학교에 들어가리라는 생각이었습니다. 저는 중학교 졸업 후 고등학교에 진학하지 못했습니다. 고등학교를 다니지 못한 것이 자랑은 아니지만 죄는 더더욱 아닐진대 모든 일에 자신감이 없었던 건 사실이었습니다.

배움이란 사람이 살아가는 데 있어서 필요한 지식으로 모르는 것보다는 아는 것이 좀 더 보람된 삶이 되리라 생각합니다. 그러나 현실은 내가 원하는 대로 살 수는 없습니다만 방향을 바꾸려고 노력할 때 결과는 큰 차이가 있을 것입니다. 꿈은 꿈을 꾸는 자만의 것이기 때문입니다.

결혼 전엔 나름대로 책을 가까이 하려고 노력하며 살았지만 결혼 후엔 거의 책을 읽지 못하고 지냈습니다.

세월이 흐르고 아이들이 성년이 되면서 다시 일을 하게 되었습니다. 출퇴근하는 차 안에서 책을 접하게 되면서 다시 공부를 하고 싶다는 생각을 하게 되었습니다.

50대 후반의 늦은 나이지만 용기를 내어 야학의 문을 두드렸습니다.

60이 넘으면 더 용기를 내지 못 할 수도 있을 거라는 생각과 그럼 그땐 더 후회할 것 같았습니다. 선생님들의 열정적인 가르침과 더불어 열심히 노력한 결과 대입 검정고시에 합격을 할 수 있었습니다. 드디어 꿈에 그리던 대학생이 되었습니다. 일을 하고 있기에 방송통신대에 가게 되었습니다. 제 가슴 깊은 곳에 간직한 꿈을 이룰 수 있도록 힘과 용기를 준 곳이 바로 오뚜기 야학이었습니다. 제가 오뚜기 야학에 처음 올 때의 마음은 속히 대입검정고시만 합격하는 것이었습니다만 오뚜기에서 몇 주 지나다보니 어느새 가랑비에 옷 젖듯이 오뚜기인들과 슬그머니 정이 들고 말았습니다.

선생님들은 대학생들로 학교생활과 더불어 일요일엔 자신들의 귀중한 시간을 오뚜기에 모인 배움에 목마른 늦깎이 학생들을 위해 혼신을 다하는 모습에 훌쩍 떠날 수가 없었습니다. 오뚜기의 학생들은 10대부터 60대까지 다양한 연령으로 늦게나마 자신들의 꿈을 이루고자 모인 분들이랍니다. 목적은 한 가지 배우고 싶은 간절함이지요. 오뚜기 야학은 일요일에 오전 9시부터 오후 7시까지 5~6분의 선생님이 고등과정 수업을 하고 있으며 한 달에 한 번 영화 감상하는 기회도 만들어 주셔서 학생들의 메마른 감성을 촉촉하게 적셔주기도 한답니다.

오뚜기의 가장 즐거움의 한 가지는 점심시간이랍니다. 학생들이 돌아가면서 당번을 정하여 반찬을 만들어 오기도 하고 재료만 사오면 수업을 끝낸 선생님이 요리를 한답니다. 시계가 1시의 방향을 가리키기가 무섭게 점심시간 종이 울리고 어느새 밥상은 그럴 듯하게 차려져 있답니다.

잘 차려진 밥상에 학생들은 숟가락만 들고 맛나게 먹었으며 그런 모습에 선생님들은 흐뭇해 하셨지요. 모두 다 우리들의 아들 딸 같은 나이지만 마음 씀씀이는 저희들보다 연상이랍니다.

오뚜기의 규칙은 2년을 출석하여야 졸업식과 졸업 반지를 받을 수 있는데요 졸업반지는 졸업생 한 분이 후원을 하고 있습니다. 그리고 대학교에 입학하신 분들에게는 장학금을 지급하고 있습니다. 물론 오뚜기 자체에서는 지급하지 않습니다. 야학은 정부의 보조금과 오뚜기를 거쳐 가신 '구' 교사들과 졸업하신 분들의 적은 액수지만 정성 어린 손길로 운영을 하고 있기에 감히 장학금은 엄두도 낼 수 없는 일이지만 오뚜기를 후원하시는 분이 계셔서 가능한 일이랍니다.

후원하시는 선생님 이야기를 하려면 30년 전으로 거슬러 가야겠네요.

오뚜기 야학 초창기에 당시 17세 된 소년이 오뚜기를 찾아왔습니다. 당시에도 초등 과목을 가르치진 않았지만 교사들은 그 소년을 위하여 초등 과정을 별도로 지도해 주었습니다. 복도에 책상과 의자를 갖다 놓고 특별지도를 해 주었습니다. 그 소년은 초, 중, 고등학교 과정을 오뚜기에서 마쳤으며 대학교와 대학원을 졸업하였습니다. 그 후 영어 선생님이 되었으며 오뚜기 야학에 교사로 오시어 봉사도 하셨답니다. 그 선생님은 자신의 어린 시절 너무도 절박하게 배움의 길을 갈구하였을 때 오뚜기를 만났으며 오뚜기에서 받은 사랑과 자신의 꿈을 이룰 수 있도록 길을 열어준 오뚜기와의 인연의 끈을 놓지 않았으며 꾸준히 후원자로서 몇 갑절의 나눔을 실천하고 계시답니다. 이러한 아름다운 오뚜기인들이 있어 저도 장학금을 받아서 대학생의 꿈을 이룰 수 있었습니다.

　이제 대학생으로서 한 학기를 마쳤습니다. 대학공부는 정말 어렵습니다. 정신없는 가운데 여러 번의 시험과 기말고사를 쳤지만 결과는 좋지 않아 과락도 있습니다. 그러나 그런 건 제게 중요하지 않습니다. 이 순간 하고 싶은 공부를 하고 있다는 것이 더 중요하니까요. 한 가지씩 배워간다는 것은 제겐 즐거움과 더불어 큰 힘이 되기 때문입니다. 직장에 다니면서 공부를 한다는 것은 많은 노력이 필요할 것입니다. 그러나 어렵게 시작한 만큼 보람도 더 크리라 생각합니다. 몇 년이 걸려서 졸업을 하게 될지는 모르겠지만 십년이 걸리면 어떻습니까. 끝까지 한다는 것이 저에게는 더 중요하니까요. 이 다음 졸업을 한 후에는 서툰 글이라도 글을 쓰면서 노후를 보내고 싶습니다. 그리고 제 딸에게 저의 글 모음집 한 권쯤은 남겨주고 싶은 마음입니다. 책 읽어주는 봉사자의 길을 걸어보고도 싶습니다. 그리고 더 큰 소망이 있다면 작가의 꿈도 꾸어 보고 싶습니다.

　세상 공부와 인생 공부를 다 했다고는 말할 수 없지만 늦은 나이의 대학생활은 20대의 풋풋한 설렘보다는 성숙된 자세와 귀한 마음가짐으로 공부할 수 있으리라 생각합니다. 나이가 들어도 마음이 늙지 않음에 서글프다고 생각할 때가 있었습니다. 인생은 마음먹기에 따라서 많은 차이가 있다는 걸 느끼며 지금의 저는 20대의 나이에 머무르고 있습니다.

왜? '대학생'이니 당연한 일이죠? 그러나 현실은 현실이죠. 늦은 나이에 시작한 대학생활은 힘들고 고달픈 길이지만 그 길을 다 걸어갔을 때의 기쁨은 배가 되리라 생각합니다. 방송대학교는 입학하기는 쉽지만 4년 만에 졸업하기는 하늘의 별 따는 것만큼이나 어렵다고 합니다. 어렵고 힘든 그 길을 천천히 조심스럽게 걸을 것입니다. 십 년이 걸려서 그 별을 딴다면 더 값진 별이 될 것이라 생각합니다.

어느덧 오뚜기를 떠나 온 지도 반년이 지났습니다. 정말 행복하고 소중한 시간이었습니다. 오뚜기에는 일반 정규 학교에서 행하는 것처럼 봄소풍과 여름수학 여행도 간답니다. 비록 야학생이지만 학창 시절의 추억을 만들어 주고 싶은 선생님들의 따뜻한 배려이지요. 그리고 학생들의 글을 실은 문집도 1년에 한 번씩 발간하고 있는데 학생들의 글 쓰는 솜씨들도 대단하답니다. 꺼내기 어려운 자신들의 이야기들을 진솔하게 써서 올린 글을 읽을 땐 어느 유명한 분들의 글보다 더 가슴 뭉클하지요.

　학생 한 사람마다 있는 그 모습을 이해하며 자신들의 가진 지식을 나눔으로 이웃사랑 실천에 한몫을 하고 있는 선생님들이 있어 오뚜기는 넘어지지 않을 것입니다. 우리나라의 명소 덕수궁 돌담장 길에 낙엽이 뒹굴고 따뜻한 차 한 잔이 그리워지는 가을이 오면 일일호프 행사를 열어서 오뚜기 하나됨과 행사 후 이익금으로 학교기금도 마련하고 있습니다.

　일일호프 행사를 위해 선생님들은 몇 달 전부터 기타반주에 맞춰 노래연습과 장기자랑을 준비하여 학생들에게 즐거운 추억 한 가지를 더 안겨준답니다.

　지금도 오뚜기에는 어려운 환경에서도 꿈을 향하여 열심히 공부하고 있는 어린 남매가 있습니다. 그 옛날 한 소년을 위하여 선생님들이 특별 관리를 해 주셨듯이 어린 남매를 위하여 오뚜기 선생님들은 특별한 정성과 사랑을 쏟고 계시답니다. 그 남매도 분명 원하는 꿈을 이룰 수 있을 것이고 그리 멀지 않아 예전의 그 소년처럼 자랑스러운 오뚜기인이 될 것입니다. 오뚜기는 가고자 하는 길을 빠르고 정확하게 걸어갈 수 있도록 도와주는 따뜻하고 밝은 불빛입니다. 오랜 시간 한자리에서 빛을 비추고 있었기에 우리가 오뚜기를 만날 수 있었듯이 앞으로도 오뚜기를 만나고자 하는 그 누군가를 위하여 그 자리에서 변함없는 밝고 따뜻한 빛으로 남아 있어 주기를 바라봅니다. 오뚜기 힘내세요.

나와 오뚜기

이종열

　나는 공부를 좋아하는 사람이다. 선생님들과 공부하는 시간이 제일 행복하다. 그런데 검정고시를 보기 전에 감기로 고생을 많이 해서 체중이 줄어서 의자에 앉아 있기가 힘들다. 허리가 아파서 긴 시간 앉아 있기가 힘들다. 이사 오기 전에 그만두려고 했는데 영어선생님이 이사 가서 보고 생각하라고 하셨다. 또 더 오고 싶고 아직 춥지도 않으니까 10월까지는 다닐까 하다가 오늘로 마쳐야겠다, 했는데 옆자리에 친구가 일요일만이니까 아주 쉬면 사람이 활력이 없다고 다니라고 하니까 또 마음이 바뀐다.
　오늘 아침에 그만둘 거라고 생각을 하고 와서 힘이 쭉 빠지고 있는데 그만두게 되면 친구들이 보고 싶고 친절한 생각이 날 거고 내가 진짜 쉴 수 있을까 며칠 내로 회비를 들고 올 것 같다는 생각이 복잡하다. 눈은 백내장

수술을 해야 하고 허리도 다쳤고 글을 쓸 줄은 모르고 모르겠다. 그냥 안 쓴 거라고 하자.

나의 오뚜기학교

조금순

2016년 2월 14일, 친구의 권유로 오뚜기에 오게 되었다. 교실은 4층이었다. 한 계단 한 계단 걸음을 옮기면서 설레기도 하고 창피하기도 하였다. 교실에 오니 연세 드신 분들이 많이 계셨다.

보는 순간 참 열심히들 사시는구나! 나에게 큰 감동이었다. 여기 오신 분들은 다 같은 생각 같은 마음일 거라는 생각이 들었다.

긴장한 마음으로 하루를 마치고 종례 시간이었다. 오뚜기 교가가 적힌 종이를 받았다. 종이를 받고 교가를 부르는 중 가슴 속 깊이 울컥하여 나도 모르게 눈물이 났던 생각이 난다.

평일에는 다들 바쁘게 직장을 다니고 일요일이면 오뚜기학교로 열심히 달려온다. Go~ Go~ 교실에 앉아 있어도 머릿속에 들어오는 것은 하나도 없다. 마음과 머리가 따로 논다. 그래도 일요일마다 학교 오는 것은 너무 즐겁다.

우리~ 선생님들께서는 휴일을 반납하시고 열정을 다해 가르쳐 주시는데~ 보답을 못하고 있다. 그나마 나에게 위로가 되는 것은 오자마자 4월 검정고시에 합격하여 중학교 졸업장은 상상도 못한 일이었다. 오뚜기 덕분에 이런 큰 기쁨도 누리고 너무 감사할 따름이다.

앞으로 졸업할 때까지 남은 시간 열심히 해서 평생 잊지 못할 추억을 만들어가야겠다. 오뚜기를 위해 애쓰시는 모든 선생님께 너무너무 감사드립니다. 오뚜기~ 파이팅!

오뚜기와 나

최순영

2016년 1월 10일 날이 지금도 떨리고 설레는 순간이다. 처음 오뚜기에 오던 날.

지금은 부족하나마 나에게 중학교와 고등학교 졸업장을 안겨주었고 매주 일요일마다 고마우신 선생님을 만날 수 있고 좋은 친구와 선후배님들을 만나면 반갑고 하루가 즐거워진다.

배우고 싶은 갈망, 이루 말할 수가 없었다. 새로운 도전, 꿈만 같다. 도전할 수 있어서……

오뚜기에서 만나는 것은 즐겁고 행복한 일이다. 즐겁고 행복한 일에 에너지도 가득 채우면 더욱 좋겠다.

오늘은 점심을 식당에 가서 선짓국을 먹었는데 맛있게 먹었다.

왠지 선생님들에게는 더욱더 맛있는 점심을 대접했으면 하는 마음. 엄마들의 식성과 다를 텐데 하면서.

잊을 수 없는 오뚜기

박순이

저는 오뚜기를 잊을 수가 없습니다. 제가 한글도 모르고 세상을 40년 살았었습니다. 오뚜기에서 4년 반 공부를 하면서 한글도 배우고 중학교, 고등학교까지 공부를 했습니다. 오뚜기 덕분에 지금은 너무 행복하게 옷수선 가게를 하고 있습니다. 글씨를 몰랐을 때는 엄두도 내지 못했던 일입니다. 수선가게 하는 것도, 장사할 생각도 저에겐 어렵게만 느껴졌어요. 은행에 볼일이 있거나 아들학교에 갈 때도 항상 겁이 났었습니다. 이제는 자신감을 갖고 삽니다.

공부는 자꾸 하면 할수록 더 하고 싶은 것 같습니다. 제가 지금은 손을 놓고 있지만, 머릿속으로는 늘 더 배워야 한다고 생각하고 삽니다.

마음에 와닿는 것들

정민지

　정식으로 글쓰기를 배운 기억도 없는 내가 무엇을 쓸 수 있을까.
　요즈음 김창옥 교수가 마음에 와닿는다. 거룩한 것도 성스러울 것도 아닌데 나에게 감동을 준다. 어린 시절 성장기 때에 불우하고 열악한 환경이었지만 김창옥 교수만의 기질이 있었다. 어릴 때도 남들이 볼 때는 유치한 아이였지만 성장하며 발전하며 지금의 모습으로 완성되었다. 강의를 들으면 즐겁고 팬이 될 것 같고 공감을 느끼는 것 같다. 종교로도 얻을 수 없었던 좋은 환경이 내게 다가오는 느낌이다.
　그리고 또 오뚜기의 생활이다. 학생들이 서로 아껴주고 배려하며 고생도 되며 선생님들은 천사같이 편안하게 느껴진다. 생각나는 대로 질문 드려도 귀찮아하시지 않고 상냥하게 대답을 해주셔서 너무 행복하다. 난 군중을 싫어한다. 거리를 다니면 항상 사람들의 이목을 끈다. 고통스럽다. 하지만 그런 와중에 오뚜기의 학교생활은 소중하다.

고마운 선생님과 학생들

정경숙

제 나이 50

제가 태어날 때만 해도 너무나 가정과 나라가 어려울 때라

공부를 제대로 못하고 세월만 흘러 50대가 되었지요

그러다 우연한 계기에

대학생들이 무료로 공부를 가르치는 곳이 있어

늦게 공부를 하게 되었는데…

늦은 나이이지만 너무나도 공부가 재미있고

무엇보다 고마운 것은

우리 영어선생님이시죠

우리 영어선생님은 대학교에서 단체로 시골로 농사일을 도와주러 가셨다가

일을 하는 도중에 다시 서울로 올라오셔서 시골 농사꾼처럼 하고 칠판 앞에 서서

어머니들 영어공부를 가르쳐 주시고 다시 시골로 농사일을 도우러 가시고,

또 어머니들은 얼마나 알뜰한지

가족 같은 분위기에서 당번을 정해 점심을 해 먹는데,

설거지를 하고 나서 음식쓰레기가 조금 나오면 봉지에 싸서 냉동실에다 넣고,

일주일 있다 다시 사용하는데...

어머니들이 알뜰하기가 이루 말할 수 없습니다.

열심히 공부하는 어머니들과

학교 다니면서 봉사하시는 선생님들

많이 많이 화이팅!

오뚜기학교, 그리고 나의 마음
선생님 감사합니다

이순자

오늘은 주님이 함께하는 날, 그리고 내가 일주일 중 유일하게 기다리는 날이자 살아 숨 쉬고 있다는 것을 느끼는 곳인 오뚜기학교를 가는 날이다. 내가 가는 그 장소는 나에게 너무 행복한 곳이고 늘 기대가 부푼 마음으로 떠나는 곳이다. 늘 눈을 뜨는 순간에는 너무나 힘든 하루가 시작되는 느낌을 받고 출발해서 졸린 눈을 비비며 집을 나서지만 전철을 타려고 마음을 먹은 순간부터는 가벼운 발걸음을 내딛는다.

왜냐하면 내가 가는 곳은 배움의 숨결이 느껴지고 존경하는 선생님들과 열의를 가지고 있는 학생들이 모여서 만들어가는 하나의 이야기가 펼쳐지는 곳이기 때문이다. 난 이곳에서 정말 많은 것들을 듣고 배운다. 배우다 보면 못 알아듣는 것들도 너무나도 많지만 열심히 가르쳐 주시는 선생님의 따뜻한 사랑 덕분에 한 번 더 감사함을 느낀다. 한 주의 6일을 늦은 시간까지 일을 하다 보니 피곤해서 귀에 잘 안 들어오고 졸 때도 많지만 선생님들 한 분 한 분 열심히 가르쳐주시는 아름다운 마음에 감동하고 미안하고 감사함에 또 한 번 졸린 눈을 비비며 집중하곤 한다.

  선생님들에게 제 속마음을 표현할 기회가 없었는데 국어시간에 이런 글을 쓸 기회가 생겨 잠시나마 제 마음 담아 이렇게 글을 적어봅니다. 선생님 감사합니다. 선생님 사랑합니다.

오뚜기 야학을 통해 얻은 기쁨과 희망

손정애

　오뚜기 학교를 통해 많은 것을 얻었던 것 같다. 고졸 학력 검시를 볼 때 처음 고입검시를 볼 때와는 다른 어떤 감정. 긴장과 초조함이 있으면서도 조금은 여유로운 마음. 시험을 끝낸 시간에는 답을 맞추고 썩 좋은 결과는 아니지만 무언가 뿌듯한 느낌. 디지털 대학으로 오라는 팜플렛을 받으면서도 기분 좋은 느낌. 오뚜기 선생님들께서 애써 가르쳐 주신 영향 때문일 것이다. 오뚜기 선생님들에게 넘쳐 나오는 긍정의 힘, 밝은 미소.
　올 여름같이 징그럽게 덥고 가물었던 여름(나중엔 장마가 많은 사람을 슬프게도 했지만) 땀을 줄줄 흘려가면서 열성을 다해 수업시간마다 각자의 맡은 과목을 가르칠 때에 열정을 쏟으며 가르쳐 주신 선생님들의 모습을 떠올려보며 열성을 다해 가르친 그 수고로움의 대가로 좋은 결과는 나오지 못한 과목은 무척 미안하고 죄송했지만 고졸검시 볼 기회가 또 있다는 희망. 합격할 때까지 다녀도 되는 오뚜기 야학. 조급해 하지 말자 스스로 위로하면서 선생님들의 모습을 한분 한분 떠올려 봤다. 보수는 무일푼인데도...

그 가치가 얼마나 큰지를 우리 학생들에게 보이시면서 우리에게 더 큰 가치 있는 것을 하라고 알려주시는 분들. 진정 행복의 가치를 느끼시면서 찌는 듯한 무더위에도 땀을 줄줄 흘리시면서도 입가엔 언제나 시원한 바람이 되는 미소를 띠우며 열성을 다하는 그 모습들...

본인들이 가지고 계신 재능들을 계속 오뚜기 학생들에게 나누어 주면서 오뚜기 학생들에게 희망을 주며 실천하는 모습은 진정 아름다운 꽃보다 더 아름답습니다. 배움이 부족해 움츠러들기만 했던 날들 오뚜기로 와서 공부하며 가슴 활짝 펼 날을 고대하며. 일요일만 되면 오뚜기 학교로 가벼운 발길 옮기네. 그 맑고 청명한 소리만큼이나 곱게 들리는 오뚜기학교 수업 들으러 가네. 그 소리 멀리멀리 퍼져나가 오뚜기 교실을 가득 채우면 좋겠네.

오세요, 오뚜기로. 희망과 기쁨이 있는 오뚜기 야학으로 오세요.

아는 것이 힘이다. 그 아는 것을 몸소 실천으로 옮기며 오뚜기 야학을 빛내주시는 선생님들께로 꼭 오세요.

2023년을 보내며

임정규

　가을의 막바지, 10월 말이다.
　뚜렷하게 큰 변화를 이룩하지는 않았지만, 그 나름대로 해왔다 자부한다.
　지금까지 해왔던 대로만 해나간다면 건강과 학문, 하는 일, 3가지 모두 유지될 것이라 생각된다.
　그리고 내 자신을 칭찬하는 습관을 가져야 한다고 굳게 자신을 각성시켜야 한다고 마음먹는다.
　다가올 2024년 새해에도!

2023년 10월 28일 오후 3시

2023년을 보내며

채경숙

8월 마지막 일요일.

설렘과 두려움을 갖고 문을 두드렸다.

두 달이 지난 오늘 생각해보니 내 자신이 너무 대견하다.

열심히 노력해서 응어리진 마음을 풀어보겠다.

설레는 마음

김영순

중학교 검정고시 합격해서 설렙니다. 가족, 남편, 아이들에게 축하를 많이 받았고, 너무나 행복하고 기분이 좋았습니다. 도전이 쉽지 않지만 시작한 게 너무 잘했다는 생각이 듭니다.

이젠 좀 더 열심히 노력하여 성과 있는 성적을 갖고 싶지만 그것이 여의치 않습니다. 노력이 부족해서 인가?

"아휴!" 못난이. 모르는 것을 배워가는 기쁨 또한 얼마나 행복하고 소중한 시간들인가! 힘들고 고달프지만 오뚜기학교에 오면 피곤이 사라집니다.

맞아, 배움은 나이와 상관없이 즐거운 것 같습니다. 더 열심히 배워 선생님들께 행복을 주겠습니다. 선생님 열심히 가르쳐주시는데 못 따라가서 죄송합니다. 열심히 해서 선생님께 보답하겠습니다.

선생님, 우리 모두가 사랑합니다. 행복합니다. 감사합니다. 이런 기회 주셔서 고맙습니다. 오뚜기 선생님들 너무너무 감사합니다.

저도 고등학교 공부를 할 수 있게 해주셔서 감사합니다.

찬란한 우리의 새 출발

이영란

　둥근 해가 떴습니다. 아니 아직 이른 새벽이다. 늘 오는 일요일이지만 오늘만은 특별한 일요일이다. 특이한 차림은 없다. 그냥 4년을 그랬듯이 마을버스를 타고 전철을 타고 또 갈아타고 다시 마을버스를 탄다. 한 다발의 꽃을 안고 내가 다녔고 내가 졸업한 나의 모교 오뚜기 일요 학교를 찾아간다. 조금의 설레임이 없는 것은 나는 이미 졸업했기 때문이리라.
　도착한 곳 서울 영등포구 도림동 허름한 빌딩. 먼저 도착하여 기다리는 졸업 예정자와 가벼운 포옹을 하고 교실로 들어갔다. 너무 빨리 온 탓에 아무도 없다. 설레지 않았는데 1등이다. 작은 의자가 즐비하고 칠판에는 〈축〉〈졸업〉이 쓰여 있다. 담당 선생님과 조금 뒤에 온 우리 회장이 입으로 풍선을 불어 실내를 장식한다. '나는 소질 없어. 회장 풍선 공예 배웠으니 잘해봐!' 작은 의자에 앉아 있으니 지나간 4년이 어제처럼 입에서 입으로 옮겨 다닐 무렵 졸업식이 시작되었다. 우리를 가르쳤던 선생님, 지금은 퇴임하시고 자신의 길을 가고 계신 분들, 또 현직 교사분들 모두가 한마음으로 준비된 우리의 수학여행 영상을 보고 박장대소를 한다.

한 분씩 졸업장과 꽃다발, 빛나는 졸업 반지가 쑥스럽다면서도 덥석덥석 잘 받는다. 교장 선생님께서 졸업생들에게 송사를 말씀해 주실 것을 부탁드렸다.

70세의 어르신, 그러나 오늘은 19세의 고등학교 3학년 졸업자 박경남 님, 송사를 읽는 그분의 주름진 얼굴 눈가에 촉촉함이 스친다. 목이 메어 끊어지는 송사의 대목. 아! 우리 모두의 목이 멘다.

한 분, 한 분, 자신의 이야기를 한다. 한 구 학생의 격려와 실제의 말씀은 특히 가슴에 깊이 닿았다. 오뚜기 일요 학교에서 초등부터 시작한 검정고시에 이어, 중/고등학교 검정고시를 여섯 번 만에 합격하신, 우리는 그분의 도전과 끈기에 힘찬 박수를 보냈다. 쓰라린, 우리 세대의 가슴 쓰린 박수다.

국사를 가르쳐 주신 나의 은사 이승호 선생님 어려운 공부에 시달려 몸이 많이 야위셨다. 나의 영어 독 선생님 가영 선생님. 눈을 동그랗게 뜨고, '쉽게요? 쉽게? 이 거보다 쉽게는 안 되는데요.' 창업이 힘드시나 조금은 야위셨다.

나의 공모전 시상식까지 와 주셨던 김민재 선생님. 그 뒤 어찌 됐나 궁금했는데 뵙게 되어 너무 좋다. 열심히 하시는 모습 보기 좋다.

까만 슈트의 남자, 처음부터 무엇인가 열심히 쓰고 계셔서 취재 나온 기자분인가? 하였는데 현 학생분이었다. '어제 토요일 아드님 결혼식이었고 오늘 졸업식 있어 일생에 가장 행복한 이틀이다'라고 하신다.

여러 선생님 또 나의 동기 졸업생 현 학생분들!! 나의 이야기가 빠졌네요.

철없이 야학 공모전에 덜컥 붙어 덥석 간 대학, 거대한 국어국문. 머리카락 쥐어뜯어 머리 다 빠졌다고 할 때 울컥하여 더는 말을 잊지 못했다.

'세상에서 제일 어려운 시험은 검정고시다!'라고 외치신 현 교사분, 학업이 많아 못 오신 승두 선생님, 과학 과목의 서정우 선생님. 우리에게 우주의 신비를 많이 보여주시고 천문학에 대한 지식을 하나 더 알려 주려고, 직접 빛을 발산하는 별의 환상적인 사진을 보여주셔서 우리는 탄성을 올렸다. 지금은 대학원에 진학하셨고 사람에 신체 중 가장 중요한 뇌에 관한 공부를 하고 계신다.

모두 행복한 인생이 되시길 빕니다.

우리의 찬란한 도전은 계속됩니다.

세월아 멈추어다오

박순이

내 나이 40에 한글 공부를 시작했다. 하지만 하다 말다 하다 말다 그렇게 흘러 4년이 지났다. 마음먹고 수도학원에 가서 3년간 열심히 공부해서 검정고시로 초등학교 시험을 보고 2009년도에 오뚜기라는 학교로 왔다.

중학교 공부를 하면서 정말 어려웠다. 하지만 나는 오뚜기라는 학교가 너무 좋아서 열심히 공부도 하고, 친구들도 만났다. 그 친구들은 나에게는 가장 소중한 보물이다. 그리고 가장 소중한 선생님들이 학교에 계셨다. 공부하면서 만난 선생님들은 내 마음을 다 털어놓고 이야기할 수 있는 소중한 오뚜기 가족들이다.

지금도 잊지 못하는, 책 속에 있는 제가 쓴 편지 '2011년도 순이의 일기' 책이 나와 아들에게 그것을 보여 주었다. 아들은 그 책을 가지고 화장실로 가더니 한동안 나오지를 않았다.

"아들 뭐 해, 왜 안 나와?" 하니까, "알았어, 엄마, 조금만 기다려." 하고 나온 아들은 얼마나 울었는지 눈이 빨개져서 나왔다. 그러면서 나를 꼭 안아 주었다. 그 순간을 지금껏 잊어버리지 못하고 있다. 지금도 그 생각만 하면 눈물이 난다.

이제는, 우리 손주들에게 책을 많이 읽어 줄 거라고 다짐한다. 아들이 빨리 장가가 가서 손자 손녀를 낳으면 내가 책 읽어 줄게. 우리 아들한테 못다 읽어줬던 책들 모두 손주들에게 다 읽어 줄게 알았지?

합격의 기쁨

천영란

나는 어쩔 수 없이 엄마 말씀을 들어야 했다
하고 싶은 것은 많았는데……. 포기가 넘 힘들었다.
남편이 컴퓨터를 배워보라 해서 가보았다.
그런데 우연히 학교 공부를 하는 게 아닌가.
아! 이때다 싶어 공부를 시작했다.
공부를 해보니 너무 좋았다.
저 나름대로 열심히 했는데
검정고시 시험도 볼 수 있다고 해서 열심히 했다.
그 결과 합격.
너무 가슴이 벅찼다.

내 인생에서 가장 잘했다고 칭찬해 주고 싶어.

유운옥

오뚜기에 와서 너무도 마음이 벅차서 설렘 반으로 그렇게 공부를 시작했습니다.

그리고 공부를 쉬지 않았습니다.

공부하는 동안 무수한 일들이 나에게 생겨서, 너무나 힘이 들어 포기할까도 생각했습니다.

그런 적마다 다짐하고 또 다짐해서 결국 검정고시에 통과했습니다.

너무나도 기쁘지만, 그렇지만, 마음 한쪽은 뭔지 모르게 서글픈 생각이 듭니다.

참으로 열심히 살았습니다. 그저 앞만 보고 여기까지 왔습니다.

그렇게 세월이 흘러 여기까지 왔습니다. 참으로 아쉽고 허무합니다.

특히 너무 공부를 늦게 시작한 것이 아쉬워,

'조금 일찍 시작했으면 좋았을걸'

하는 생각에 문득문득 잠깁니다.

너무도 아쉬워 지금, 이제 또 무언가를 도전하고 싶습니다.

오뚜기 선생님, 모든 선생님께 감사드립니다.

기쁨의 눈물

홍경희

안녕하세요. 저는 2014년 2월 16일 지인의 소개로 오뚜기 학교에 입학했어요. 그렇게도 원했던 중학교 과정을 배우려고 오뚜기 학교에 왔지요. 와서 보니 친절히 가르쳐주시는 선생님들이 계셨습니다. 참 고마우신 분들이죠. 그래서 열심히 공부했어요. 그런데 나이 들어 하다 보니 정말 어려웠어요. 특히 수학은 무슨 말인지 전혀 알 수가 없었고요. 하지만 영어는 재미있었어요 다행히도. 그래서 열심히 노력했지요.

그러던 날 드디어 검정고시 시험 날이 되었지요. 8월 5일 그날 시험은 잘 쳤는데 왠지 확실히 몰라서 혹시 실수라도 했을까봐 25일 합격 발표 날까지 마음 졸이면서 기다려왔지요. 그날 아침 10시에 발표인데 아침 10시가 되기까지 왜 이리 시간이 긴지...

그러자 정말 10시가 되어서 빨리 전화로 합격 발표를

확인했지요. 펑펑펑 눈물이 났어요. 이게 바로 기쁨의 눈물이구나 정말 많이 울었어요. 그래서 전 바로 버스를 타고 교육청으로 갔지요. 합격증을 빨리 보고 싶어서요. 도착해서 합격증과 성적증명서를 받고 또 한 번 기쁨의 눈물을 흘렸어요. 전 너무도 행복했어요.

  오뚜기 학교와 선생님들의 수고가 안 계셨다면 어찌 이런 기쁨의 눈물을 흘렸겠어요. 오뚜기와 선생님들께 감사드려요. 그리고 자녀와 형제들한테도 많은 칭찬을 받았지요. 그래서 저는 내내 행복했답니다.

합격

신옥자

　드디어 나도 고등학교 졸업의 타이틀을 얻게 되었다.
　너무나 기쁘고 기쁘다. 그동안 열심히 한 공부의 열정과 노력이 고스란히 나에게 "합격"이라는 영광으로 되돌려주었다.
　검정고시 시험 전날 긴장을 했는지 잠이 오질 않아 간신히 잠을 청해 2시간 눈을 붙이고 눈이 충혈된 채 시험장에 도착하여 책상에 붙어있는 나의 이름을 확인하고 자리에 앉고 주위를 둘러보니 나의 연배와 비슷한 분 3명이 눈에 띄었다. 나머진 모두 학생 나이로 보인다.
　시험이 시작되고 답을 확인하고 마킹을 하는 동안 긴장한 탓인지 자꾸 목이 말라 물을 마셨고 최선을 다해 문제 풀이에 집중하였다.
　시험 발표의 날이다. 컴퓨터를 켜고 검정고시 시험 합격 확인을 클릭하려는데 가슴이 두근두근 방망이질을 한다. 어떻게 하나, 합격일까, 아닐까? 그 동안 열심히 공부한 순간들이 주마등처럼 내 머리를 스쳐간다. 확인을 클릭하고 합격이라는 단어를 찾았다. "합격"이라는 단어를 확인하는 순간 가슴이 뜨거워지면서 나의 눈가에 눈물이 고였다.

나도 할 수 있구나!! 나도 해내는구나!! 나 이제 무엇이든 할 수 있어!! 하는 자신감이 솟구쳤다.

주변 친구들이 하는 말이 "머리도 다 녹슬었는데 나이 먹어 어디에 써먹으려고 무슨 공부를 하려고 해"라고 하면서 그 시간에 놀러나 다니자고 한다. 그 유혹을 떨치고 나도 할 수 있을까?? 하는 막연한 두려움과 호기심으로, 일을 하면서도 영어 단어장과 수학 공식, 역대 왕들의 업적과 선조들의 삶의 지혜를 알아가면서 점점 공부에 흥미가 샘솟았다.

공부를 하면서 누군가의 손길이 절실히 필요해 네이버 검색창에 토요학교, 일요학교를 검색하니 "오뚜기 일요학교"라는 반가운 학교를 찾게 되었고, 평일에 일을 하는 나에게는 일요학교가 아주 적합한 곳이라 만사를 제치고 전화를 걸어 상담 약속을 잡고, 일정한 입학 날짜가 없이 언제든지 공부할 수 있다는 말씀에 너무 감사했다. 동변상련의 친구들도 만나게 되고 젊고 예쁜 선생님의 가르침을 받으니 일요일의 피곤도 잊고 학구의 열이 저절로 생겼다.

일요일 아침 6시에 일어나 등교준비를 하고, 버스를 타고 또 지하철 환승을 하고 영등포역에 내려 또 마을버스로 갈아타고 학교 앞에 내리니 꼬박 1시간 반이 걸렸다.

부지런히 학교에 도착하니 벌써 학우들이 도착하여 일주일 동안 지냈던 많은 이야기들을 주고받는다. 영어 특강을 시작으로 오전수업을 마치고, 점심시간은 나에게는 친구들과의 좋은 교제의 시간이었고 컴퓨터 시간과 미술 소묘의 시간은 나에게 새로운 취미의 시작이 되었고, 오후 5시까지 빠듯하게 수업을 마치고, 친구들과 재잘거리며 영등포전철역으로 걸어가는 동안 동심의 모습으로 되돌아간다.

가정형편으로 중학교를 중퇴해야 했고, 그 동안 육아에 살림에 생계를 위한 많은 일들이 나에게는 경력이라는 수식어로 훈장처럼 가슴에 달아주었다. 아이들의 출가로 시간적 안정이 주어져 뒤늦게 못한 공부를 할 수 있는 여유와 함께 오뚜기 일요학교를 만나 인연을 맺은 나에게는 많은 행운이 주어졌다.

  그동안 바쁘다는 핑계로 어려움에 처한 분들을 돌보지 못했는데 앞으로 진학을 하고 더 많은 지식을 쌓아 나의 손길이 필요하다면 언제든지 달려가 도움을 드릴 수 있는 그런 삶을 살고 싶다. 학우님들 그리고 그동안 도움을 주신 교장 선생님, 또 과목 선생님 너무 감사드립니다.

  감사합니다!!

예쁜 말들

유금선

조력, 힘이 되기 :
성공적인 삶을 살려는 노력과 하염없는 인내와 배려, 나 자신은 조금 양보하며 뒤로 한발 물러서고서 살고 있다. 내가 조금 손해 보며 살면 모두가 편안해지기에.

가치 있는 삶 :
자원봉사 경험이 내 이력에 도움을 주기도 한다. 가치 있는 봉사활동을 열심히 하려고 한다.

기회 :
내 인생에 가장 컸던 기회는 검정고시 합격한 것이다. 너무도 보람이 있고 자랑스럽다.

학교 :
새로운 친구를 사귀고 즐거운 일들이 너무 많아 감사합니다. 자부심 느끼며 살고 있습니다. 제가 필요한 사람이라고 느끼게 해주어요.

나의 마음

이연자

오뚜기에 온 지 벌써 3년이란 세월이 흘렀습니다.

하고 싶은 공부가 너무 어려워요.

머릿속에 입력이 안돼요. 돌아서면 다 까먹고 또 배우면 새롭고…….

어떻게 해야 머릿속에 속속 들어갈까요.

집에서 복습을 해야 하는데 할 시간도 없고

5시 20분에 일어나 준비하고 출근,

회사에 갔다 집에 와 저녁을 먹고 나면 10시, 야근하면 11시.

공부하려고 하니 졸려서 못해요.

욕심은 나고 공부는 안 되고 속상해요.

몸은 안 따라주고 오늘은 무릎이 아파서 병원에 갔다 왔어요.

많이 부었다고 주사는 안 되고 약만 주더군요.

퇴행성관절염이라 몇 달 전에 주사를 맞아서 괜찮았는데, 또 아파서 슬퍼요.

한 번씩 울고 나면 속이 시원합니다.

선생님 글도, 글씨도 말이 안 되지요. 선생님 다시 고쳐주세요.

선생님 사랑해요!

내 생애 가장 잘한 일

오윤자

난 요즘 걱정이 반 기쁨이 반이다
간절히 원하던 대학을 가게 되었다
어렵게만 생각했던 검정고시 중·고 합격
얼마나 간절했던 공부였던가
그리고 대학 -가슴이 뿌듯하다
선생님들께 감사하고 가족에게도 감사하다
내 생애 대학은 꿈도 꾸지 못할 줄 알았다
남들이 부러워하는 중앙대
비록 주말반이라지만 으쓱 어깨를 들썩여본다
요즘은 대학이 나의 자랑거리다
나 중앙대 다녀요
선생님 감사합니다

내 생애에 가장 잘한 일

이나경

"음, 애들아, 요번에는 바다가 있는 휴양지로 휴가 가자. 가서 바다보고 물놀이 실컷 하고 오자. 응?"
"휴, 난 바다가 싫어. 왜 그런지 모르겠어."
"난 언제 죽을 뻔했어!"
"아니? 그럼 한 가지네! 너 전생에 토끼였나보다. 별주부전 그 토끼. 거북이한테 속아 용궁 가서 간 뺏길 뻔했다가 순간 지혜로 살아난 토끼였던 모양이야. 그러니 바다에 가고 싶겠어?"
애들은 순진한 척, "음, 깔깔 그러네" 한다.
"그렇지 않음 바다를 싫어할 이유가 없지!"
순진하게 웃는다,
오히려 내 말이 맞다는 커다란 긍정의 표현을 한다.
생각한다
난 너희 같은 내편이 있어 좋다

그래 내 생애에 잘한 일
세상에 유일한 내편인 아이들
날 가장 많이 이해해주는 아이들
내가 무엇을 하든 엄지척 최고라고 한다
사랑해
엄마도 언제든 너희들 편이야

내 생애에 가장 잘한 일 : 딸 낳은 일

이숙현

태어났을 때, 세상을 전부 얻는 그런 감정을 느꼈다. 딸한테 나는 선물을 아주 많이 받아서 너무 좋았던 적이 많다. 엄마라는 말을 들으면, 뭔지 모르는 큰 감격을 느낄 때가 아주 많다. 결혼은 장난이 아니라지만, 항상 우리 딸아이를 보면서 우리 아이가 있어서 너무 행복한 마음이 들고 마음이 가득하다. 딸아이가 상을 받으면 겉으로 표현은 안하지만 마음이 뿌듯하고, 딸애가 너무 잘 커줘서 고맙다는 생각이 들었을 적이 아주 많다. 딸아이를 보면서 내가 배우는 때도 많고, 딸아이를 보면 못내 세상의 근심을 버릴 수도 있다. 딸아이를 통해 내가 크던 시절 부모님의 생각과 가치관이 생각나서 조금은 부모님 마음을 이해하고, 내 나름 서운했던 점도 덜어낼 수 있을 때가 있다. 삶에 대한 애착도 더 강해진다. 딸애에게 선물을 받는다는 생각이 아주 많이 들고 항상 긍정적인 마음을 딸 덕분에 가질 수 있다. 딸애가 집에 와서 엄마에게 밖에서 있었던 일을 말하면, 우리 딸이 아주 많이 컸구나 싶어서 나름대로 흐뭇한 적도 있다. 요즘에는 햄스터를 키우면서 나름 자기가 어떻게 해야 동물을 사랑하는 것인지, 생각하고 행동하는 모습을 보았다. 저 나이 때 나는 어땠나 생각해보면, 우리 딸은 아주 맑고 따뜻한 것 같아서 기특하기도 하고 삭막한 세상에 감사한 신선함을 느낀다. 그게 행복함이고 보람이라는 생각이 든다.

사람이란 어마어마하게 큰 가치를 얻는 과정이 아니라, 언제나 죽기 전까지 배우며 살아가는 것이구나 한다. 오늘도 딸아이를 통해, 각박한 세상을 한탄하기보다는, 세상은 그래도 살 만한 것이라는 생각을 하게 된다. 딸아이를 보면서, 나도 자란다. 너무나 소중하고 밝은 하루들이다. 축복인 우리 딸아이에게 부끄럽지 않은 엄마가 되어야겠다는 생각뿐이다. 오늘도 딸아이가 있어서 행복합니다.

내 생애에 가장 잘한 일 : 셋째 자식 낳기를 잘했다

이영란

　내 나이 스물 네 살 때 셋째 자식을 낳았다. 인생에서 제일 잘한 일은 그 아들 낳은 일이다. 스물 세 살에 복강경 수술을 받았다. 그리고 다시 생긴 아이였다. 산아제한을 심하게도 권장하던 시절이었고 나는 절대 많이 낳을 생각이 없었다. 형제가 너무 많아 징글징글했었기 때문에, 어릴 때 항상 동생들을 업고 살았기 때문에. 정관수술은 남자가 수술하면 허리를 못 쓴다고 해서, 우리집 남자는 절대 정관수술을 안 하려고 들었다. 의사 선생은 나보고 복강경수술 하기에는 너무 어리다고 했지만, 내가 하겠다고 우겼다.
　서울 어디 답십리 무슨 병원을 보건요원을 따라서 향했다. 그 당시에는 우리나라에 1차석유파동이 와서 경제가 파탄이었다. 복강경수술을 하고 일자리가 없어서 다시 시골로 내려갔다. 내려와 살다 몇 날이 지났는데, 몸이 이상하다고 느꼈다. 동네 형님들이 날더러 "너 애 생겼나 보다"라고 하더라. 난 "수술했어요"라고 절대 아니라고 우겼다.

하지만 논둑 밭둑을 내려올 때는 살살 기어내려오고는 하였다. 봄이 되어서 배 속에서 애가 놀았다. 병원을 갔더니 의사선생님이 6개월째라고 하고 진료실을 나가셨다. 내가 간호사 선생에게 "배꼽수술 했는데요"라고 하니, 의사선생이 다시 와서 배꼽을 다시 보고 나갔다. 간호사 선생은 수술이 잘못되어 그렇다며, "어떻게 하실래요, 유산을 시키시겠어요?"라고 물었다. 나는 망설였는데, 남편이 "나와, 나와."라고 소리치며 말렸다. 다시 올게요."라는 말을 남기고 나는 산부인과를 나왔다.

장마가 심했던 여름날, 그날만은 비가 오지 않았다. 아들이 태어난 날이다. 새벽부터 진통이 오고 아들을 낳았다. 10개월 내내 동네 아낙들이 노골적으로 "정상 애기 낳기 어려울 거다" 수군거려, 나는 불안한 마음으로 셋째 아들을 낳았다. 그 아이는 지금 마흔이 되었고, 괜찮은 공기업 과장으로 다닌다. 그때 낳길 참 잘했다. 내 생애에 가장 잘한 일이 그 아이 낳은 일이라 자부해본다.

내 생애에 가장 잘한 일

남경애

  내 생애에 가장 잘한 일은 아무리 생각해 보아도 없었다
  그러나 내 생의 지금 이 순간 공부를 선택한 것은 잘한 것 같다
  내가 태어나면서부터 어긋난 인생인 것 같다
  돈이란 놈 때문인 것 같다 누가 만들었는지 원망스럽다
  지금 이 순간 내가 내 마음대로 움직이고 그 누구의 눈치 안 보고
  내가 하고 싶은 일 하는 지금 이 순간이 내 생에 가장 잘한 것이라 하고 싶다
  나이 먹어… 머리는 안 따라오지만
  그래도 기억할 수 있는 만큼은 열심히 하고 싶다
  내가 삶을 붙잡고 있는 동안 후회는 없게 하고 싶다

저는 야학생입니다

이영란

공부는 항상 가슴속의 애상(哀想)이었다. 어릴 때 보내드린 어머니처럼, 그리움이었다. 때로는 썰어놓은 무 조각처럼 깍두기로 완성될 때를 기다리는 열망이었다.

공부 없으면 어때? 다 살았는데. 환갑 진갑 다 지났는데 새삼스럽게. 남편 칠순 잔치에 밴드와 국악인을 불러 신명나게 뛰며 세상 몰라라 하고 잘 놀았잖아. 그렇게 포기하고 살던 공부에 대한 열망은 어느 날 전철 속 광고지를 보게 된 순간 뜻밖의 현실로 다시 다가왔다.

'공부를 시켜드립니다. 나이와 환경에 구애받지 마시고 자기를 찾으세요.'

광고지가 그렇게 유혹하고 있었다. 늦깎이로 졸업장을 얻은 선배들의 사진이 활짝 웃고 있었다. 나도 해볼까? 늦지 않았을까? 이 나이에 공부라니, 무슨 망신이야. 아냐, 저 분들도 했잖아. 나 원래 어려운 것 잘 참고 끝을 보는 성미잖아.

　몇 번의 망설임 끝에 학교의 계단을 밟고 있었다. 삶으로 굽어진 내 등은 한층 더 굳어서 딱딱해짐을 느꼈다. 한 걸음 한 걸음이 왜 그리도 무겁던지…….

　하지만 잠시 뒤 교실에 들어서는 순간, 와! 하는 소리와 함께 염려와 긴장은 사라졌다. 교실 안의 사람들은 항상 만나던 사이처럼 나를 반겨 주었다. 공부, 공부를 하는 것이다. 사람이나 좀 사귀고 말솜씨나 좀 뽐내고 그럴 속셈으로 왔다고 명분을 준비했지만 굳이 공부의 변을 꺼낼 필요도 없었다. 오랜 세월 가슴에 품었던 애상이 현실로 다가와 감동이 되는 순간이었다. 교재를 받아들고 강의를 듣고, 고단한 삶을 사느라 잊어야 했던 내 몸 속의 지식에 대한 욕구가 현실로 실행되기 시작했다. 더할 수 없이 좋은 환경이었다. 늘 꿈으로 그리던 공부하는 풍경. 그리고 그 풍경 속의 나.

　공부는 혼자만의 열성으로 되는 것이 아니었다. 잘 가르쳐주시는 선생님들과 옆에서 격려해주는 선배 동료들이 있기에 달려갈 수 있었던 나날이었다. 늦게 오는 후배들을 위하여 식사준비를 해주시는 선배님들과, 엄마만큼이나 나이 먹은 늦깎이 학생들을 위해 온 힘을 다하는 젊은 선생님들이 있기에 가능했다.

　나는 배우려는 열정만 있으면 선의로 답하는 좋은 사회의 일원이었다.

　생활과 공부를 병행하는, 벅차지만 보람찬 나날들이 시작되고 완성으로 달려갔다. 하루 일을 마치고 달려가는 발길이 날듯이 가벼웠다.

　나와 내 친구 동료들은 만학도로 열심히 배웠고, 대부분 대학생인 젊은 선생님들은 너무 편히 공부해 온 것이 미안하다고 하시며 열성으로 가르쳐주셨다.

　군에 가신 과학 선생님이 생각난다. 과학이 무엇인지 깨우쳐주시고 월식이 일어날 거라고 날짜를 알려주신 서정우 선생님, 월식을 확인하게 되면 꼭 사진을 찍어 전송하라고 당부를 하셨지. 그날 밤 우리는 밤늦도록 달을 찍어 톡방에 올려 숙제를 완성했다. 선생님은 우리에 호응에 감동하시고. 너무 감사하다고 말씀을 남긴 후 군에 들어가셨다.

　'이제 제가 학생 방에서 나가려 합니다. 축하해 주세요.'

　톡방에 문장 한 줄 남기고, 뚝 떠나버린 국사 선생님 승호. 우린 모두 '이게 뭐야? 자식이 떠난 것 같잖아' 하며 울먹거렸다. 젊은이가 자신의 일을 찾는 과정이니 축하해 주어야 마땅하지만 우리의 욕심은 달랐다. 우리가 졸업할 때까지 남아서 가르쳐줄 것을 기대했던 것이다. 우리나라의 역사를 기원부터 현대까지 재미있게 가르쳐 주고 검정고시 성적을 아주 높게 해주신 승호 선생님, 고맙습니다.

눈물이 흔하던 채하 선생님, 가장 어려운 과학 과목을 자주 울면서 가르쳐주신 채하 선생님. 졸업하시면 우리나라의 어린학생들을 위해 더없이 훌륭한 선생님이 되실 겁니다. 저와 동료들이 모두 그렇게 믿고 있고 응원하고 있으니 꼭 좋은 선생님이 되실 거예요. 파이팅!

엉뚱한 이야기 잘하고 춤 잘 추고 목소리가 아나운서 같은 승우 국어 선생님. "안녕하십니까?" 하고 교실에 들어오실 때, "아나운서님이 오신 것 같아." 하고 우리 모두 함성을 질렀다.

"제가 국어는 잘 가르치니 국어시험 걱정 안 해도 됩니다. 대신에 시를 많이 읽으세요." 하시며 어려운 시를 많이 돌아가며 읽게 하신 승두 선생님, 많이 읽고 잘 읽어야 시험시간 내에 답을 쓸 수 있다 하신 교육 덕택에 우리는 시험에 합격했답니다. 선생님의 연애사를 들었던 시간이 떠오르네요. 그 집 딸과의 뒷이야기 잘 되시나요? ㅎㅎㅎ!

하쿠나 선배님의 된장찌개는 일품이었지. 생활에 쫓겨 식사를 거르기 일쑤인 우리는 늘 믿는 데가 있었다.

"밥 안 먹고 가도 돼. 하쿠나가 싸왔을 거야."

선배님은 졸업하시고 안 오신다. 매사에 항상 열심이셨으니 바쁜 일이 있으신 거겠지. 영어 단어장을 만들어 코팅까지 하셔서 모두에게 주시고 동아리 활동으로 기타를 하셔서 졸업식 날 멋진 연주를 해주시던 하쿠나 선배님, 바쁘시더라도 학교에 놀러 오세요. 그때의 감동, 또 맛보고 싶어요.

순이 선배님은 항상 칭찬이 후하셨지. 우리 수학여행 때 일부러 오셔서 제가 부른 노래가 최고라고 칭찬해 주시던 순이 선배님, 하얀 칼라에 검은색 교복 정장이 잘 어울리던 순이 선배님, 비록 빌려 입기는 하였지만 행복했던 그 순간이 생각납니다. 한없이 기뻐하시며 열심히 사진을 많이 찍던 순이 선배님, 교복의 아이디어를 낸 저로서도 최고로 행복한 순간이었답니다.

봄 소풍 때는 음식을 오밀조밀 많이도 싸오셨지요. 가족들을 동원하여 소풍 현장 국립박물관까지 가지고 오셔서 맛있게 먹게 해주셨지요. 많이 고맙고 죄송했습니다. 제가 조금 짠순이라서 그때 많이 준비하지 못했던 것, 지금 사과드릴 테니 용서해 주실 거죠?

　후배 나경이, 고맙고 축하해. 직장 일에도 열심이고 공부도 짱이던 나경이, 이번 시험에 합격해서 고맙고 축하해. 우리 친구들 사회생활만 열심히 하지 말고 모두 뭉쳐 살자. 알았지?

　가장 기쁘고 가슴 벅차던 어느 날이 생각난다. 꽃다발 2개를 안고 전철을 타니 승객들께서 물으셨다. 어디 졸업식 가요? 생화로군요? 네, 검정고시 수료식에 가요. 우리 동기가 합격을 해서 서울 교육청에서 수료식을 해요.

　내 꽃다발이 생화임을 알아주신 분에게 마음으로 감사를 드렸다. 연세가 많으신 어르신인데 눈동자에 '자네는?' 하는 의문사가 떠 있다. 해서 묻지도 않은 자랑을 하고 말았다. 저는 봄에 따서요. 과연 감탄을 해주신다. 장하네. 나이가 적지 않은 것 같은데 애쓰셨네.

　그분은 연세대를 나오셨고 부인은 서울대를 나오셨다고 하셨다. 말씀이 낮고 부드러워 절로 존경심이 드는 분이었다. 고학력자에 대한 외경의 마음과 그분의 인품에 대한 존경심이 아울러 발동하여 꾸벅 인사를 드리며 마음으로 결심했다. 나도 대학이라는 곳을 가보아야지. 방송통신대라는 곳도 있다더라.

전철에서 내리시는 어르신의 뒷모습은 그저 노인일 뿐이었지만 눈빛에서는 지식의 위엄이 짙게 보이셨다. 나도 저리 될 수 있을까? 있을 거야. 어렵게만 느껴지던 고졸검정고시도 합격했는걸. 이제 자격을 가졌으니 내년에는 꼭 대학생이 되어야지.

중앙대에 진학한 동기가 생각난다. 봄에 검정고시를 합격한 후 곧바로 대학 준비를 시작하더니 떡하니 붙었단다. 내 동기가 대학 갔다고 사람들에게 자랑하고 다녔다. 나도 내년에는 대학생이 되어 볼 거라고, 결심의 속말을 붙여서.

나는 영어를 못해 포기했어. 언감생심 대학은 무슨. 구민 회관에 포크댄스 배우러 다니잖아. 누가 물으면 그렇게 답하지만 마음은 그게 아니다. 꼭 끝을 볼 거라고, 배움의 끝에 무엇이 있는지 확인하고 말 거라고 속말을 새긴다. 나, 어지간히 독한 여자잖아 하고.

매일 아침 강의를 거르지 않으시는 교장선생님, 새벽부터 나오셔서 강의 준비하시느라 고생하셨는데 영어 못해 죄송합니다. 3년 동안 가다 쉬다 반복한 나날에도 용기를 주셨지요. 그간 주신 말씀들도 좋았지만, 선생님의 그 헌신적인 모습에 반했었답니다. 기왕에 시작한 것, 열심히 하면 돼요. 그렇게 몸소 가르쳐주셨지요. 덥다고. 시험 떨어졌다고, 이런저런 이유로 출석과 결석을 반복하면서 보내온 3년이 결실을 맺어 이제 졸업을 앞두고 있습니다.

마지막까지 잘 마무리해서 저도 졸업반지 받고 간직하면서 살아갈게요. 30년 전통의 우리 야학학교를 졸업하신 선배님께서 매년 기부해 주시는 졸업반지, 선배님 고맙습니다. 반지 받고 싶어서 졸업을 기다리고 있어요.

사랑하는 후배님들, 제가 먼저 졸업해도 후배님들 졸업식에 꼭 참석할게요.

우리 선배님들께서 그러하신 것처럼.

모든 이들을 사랑하고 존경합니다. 우리 학교를 내 집처럼 여기고 보낸 3년에게도 감사 인사드립니다. 2019년 겨울 문턱의 새벽에 이 글을 쓰는데, 눈물 한 방울이 똑 떨어지네요. 몇 년 후 이 눈물이 대학 졸업의 기쁨의 눈물이기를 빌어봅니다. 제가 보통 독한 여자가 아니니, 꼭 이루어질 거예요. 어머니, 그렇지요?

글 순서

001	**이연자**	보고 싶은 엄마
003	**강송기**	멀리 계신 어머니께
007	**박순이**	사랑하는 엄마 생각이 나서 쓴 편지
009	**손정애**	회개
011	**박순이**	부르고 싶은 엄마
012	**배유진**	엄마, 고맙고 미안하고 사랑해
014	**양영식**	엄마
016	**오대형**	아버지의 리어카
020	**유금선**	아버지
021	**이용인**	아버지의 자가용
022	**오윤자**	소중한 나의 동반자
024	**김영순**	사랑하는 나의 남편에게
025	**임영자**	나는 가짜 효부
029	**염금선**	추석
030	**이영숙**	사랑하는 딸에게
033	**박순이**	아들에게 쓴 편지
035	**이순자**	아들 입대 날
036	**양영식**	이쁜 손녀
037	**노애숙**	소꿉친구
040	**남경애**	다시 태어난다면

041	박재환	삶
047	박이순	길고도 어려운 삶
049	안현임	인생
050	손기준	나의 인생
052	오대형	내 인생에 즈음하여
053	이학용	평생공부
055	이희숙	나의 각오와 시작
057	김정례	나의 생각
058	조영숙	정년퇴직 후 제2직업을 꿈꾸며
059	손명화	나의 버스
061	노애숙	나의 추억, 나의 꿈
062	김선옥	10년 후
064	정애란	16살 소녀래요
066	강정숙	가을 하늘에 비친 유년시절
068	박춘옥	오월의 푸르름
070	김선옥	하루
072	안현임	나의 휴가
074	이현옥	수학여행
076	황화향	가을 길
078	정경숙	비오는 토요일의 청계천
080	이용인	부산 여행

082	박춘옥	자연이 알리는 계절
083	이나경	속초에 가서
085	이영란	나의 환갑 그리고 여행
088	이경희	나의 일상의 하루
089	이용인	회상
091	최점숙	최점숙의 기록
092	박춘옥	박춘옥의 기록 1
094	박춘옥	박춘옥의 기록 2
096	양영식	양영식의 기록
098	오대형	오대형의 기록
101	황순복	도전, 나의 꿈
103	최순영	아름다운 인연
105	양민희	22년 5월 어느 날
108	유금선	공부의 열정
110	최은경	꿈과 희망의 학교
111	박순이	오뚜기를 만났다
112	박순이	박순이의 일기
114	박순이	나는 주일이 좋다
115	홍경옥	오뚜기에 처음 오던 날
117	유금선	등교
120	송정희	오뚜기 일요학교가 소소한 즐거움

122	송형숙	오뚜기에 오던 날
124	김경실	학교에 처음 등교한 날
126	이용성	첫 등교하는 날
128	표말순	희망의 담쟁이덩굴
130	허 은	넝쿨장미
132	김정례	무제
133	홍경옥	나의 소망 예쁜 글씨
135	박재우	또 다른 세상 속으로
137	황순희	시작
138	신상섭	늘 시작은 그냥 해보자
140	이용인	이끌림
142	채경숙	8월의 마지막 일요일
144	박재우	처음으로 가보는 길!
147	박재우	도전
149	김영란	배움의 터널
151	김미한	내 마음의 빈병
152	김송란	살찌우는 마음의 양식, 배움!
153	김명숙	내가 공부하는 이유
156	이희숙	내가 공부하는 이유
157	김 직	내가 공부하는 이유
159	이양순	늦깎이 야학생이 공부하고 싶은 이유

161	**이순자**	오뚜기학교와 나의 꿈
163	**양영숙**	나의 오뚜기 일요학교
166	**이현옥**	내가 만난 오뚜기
174	**이종열**	나와 오뚜기
176	**조금순**	나의 오뚜기학교
178	**최순영**	오뚜기와 나
179	**박순이**	잊을 수 없는 오뚜기
180	**정민지**	마음에 와닿는 것들
182	**정경숙**	고마운 선생님과 학생들
184	**이순자**	오뚜기학교, 그리고 나의 마음 선생님 감사합니다
186	**손정애**	오뚜기 야학을 통해 얻은 기쁨과 희망
189	**임정규**	2023년을 보내며
190	**채경숙**	2023년을 보내며
191	**김영순**	설레는 마음
193	**이영란**	찬란한 우리의 새 출발
197	**박순이**	세월아 멈추어다오
199	**천영란**	합격의 기쁨
200	**유운옥**	내 인생에서 가장 잘했다고 칭찬해 주고 싶어.
202	**홍경희**	기쁨의 눈물
204	**신옥자**	합격

208	**유금선**	예쁜 말들
210	**이연자**	나의 마음
212	**오윤자**	내 생애 가장 잘한 일
213	**이나경**	내 생애에 가장 잘한 일
215	**이숙현**	내 생애에 가장 잘한 일 : 딸 낳은 일
217	**이영란**	내 생애에 가장 잘한 일 : 셋째 자식 낳기를 잘했다
219	**남경애**	내 생애에 가장 잘한 일
220	**이영란**	저는 야학생입니다

오뚜기 일요학교

Copyright ⓒ 2024 Author All rights reserved.
This Edition was published by Jipmoondang in 2024, Seoul, Korea.

이 책의 저작권은 저자에게 있습니다.
이 책의 출판권은 **(주)집문당**에 있습니다.
저작권법에 의하여 보호를 받는 저작물이므로 무단전재와 무단복제를 금합니다.

오뚜기 일요학교

2024년 3월 20일 1판 1쇄

저자	오뚜기 일요학교 학생들 (강송기 외 66인)
발행인	임동규
발행처	**(주)집문당**
등록	1971. 3. 23. 제2012-000069호
주소	03134 서울시 종로구 돈화문로 82, 5층
전화	+82-1811-7567
이메일	sale@jipmoon.com
홈페이지	www.jipmoon.com

ISBN 978-89-303-1964-5 03810

가격 11,000원

(주)집문당 이순신돋움체B (저작권자 아산시, 무료글꼴)